传统文化艺术普及读本

小学生应知的传统书画常识

王金凤 编著

中原出版传媒集团
中原传媒股份公司
河南美术出版社
· 郑州 ·

图书在版编目（CIP）数据

小学生应知的传统书画常识/王金凤编著. — 郑州：
河南美术出版社，2021.1（2021.6重印）
（传统文化艺术普及读本）
ISBN 978-7-5401-4902-4

Ⅰ.①小… Ⅱ.①王… Ⅲ.①书画艺术－中国－小
学－课外读物 Ⅳ.① G624.753

中国版本图书馆 CIP 数据核字（2019）第 254420 号

书　　名　小学生应知的传统书画常识
编　　著　王金凤
出 版 人　李　勇
责任编辑　董慧敏
责任校对　谭玉先
装帧设计　力源文化
制　　作　郑州巨作图文设计有限公司
出版发行　河南美术出版社
　　　　　地址：郑州市郑东新区祥盛街 27 号
　　　　　邮编：450000
　　　　　电话：0371-65788152
印　　刷　保定市西城胶印有限公司
开　　本　710 毫米 ×1000 毫米　1/16
印　　张　10
字　　数　130 千字
版　　次　2021 年 1 月第 1 版
印　　次　2021 年 6 月第 3 次印刷
书　　号：ISBN 978-7-5401-4902-4
定　　价：29.80 元

前　言

　　中国是一个艺术的国度。作为中华优秀传统文化的中国书法和中国绘画，是这个国度中两颗璀璨的明珠。2017 年 1 月 25 日，中共中央办公厅、国务院办公厅印发的《关于实施中华优秀传统文化传承发展工程的意见》提出：到 2025 年，中华优秀传统文化传承发展体系基本形成，研究阐发、教育普及、保护传承、创新发展、传播交流等方面协同推进并取得重要成果；具有中国特色、中国风格、中国气派的文化产品更加丰富，文化自觉和文化自信显著增强，国家文化软实力的根基更为坚实，中华文化的国际影响力明显提升。

　　中华文化源远流长。可以说，中华文明的发展史也是中国书画的发展史。汉字的演变至今已有五千年的历史，甲骨文是目前中国发现的最早的成熟文字，是中华远古文明的象征，随后的"五体""五法"也是在此基础上演变和发展的。中国书画经历了三千多年的发展和演变，在汉唐时期已出现了繁荣和兴盛的局面，宋代的中国书画达到了巅峰状态，从元到明清再到当代，书画艺术一直都有传承和创新。中国书画的繁荣与成熟要比西方文艺复兴时期才趋于成熟的绘画艺术早了数百年。

在这本书中，作者对中国传统书画的基础知识做了精心梳理，对其中常识部分做了分类介绍，如材料与工具、起步与门道、名词与称谓、名家与名作、故事与传说、艺术的遗存，逐一传达给我们的小学生。在图书编排上精简文字，以图文并茂的形式呈现，突显书画艺术的图像传达功能。希望孩子们能通过作者简洁生动的描述，结合欣赏精美的书画作品，来了解中国的传统文化，爱上传统文化，继承和发扬传统文化。

中国书法和中国绘画不仅是我国人民的文化遗产，也是世界人民的共同财富，千百年来，一直深受广大民众的喜爱。真心希望同学们能够通过这套书走近中国书画，亲近中国书画，享受艺术，提高审美情趣，提升文化艺术素养，培养发现美的眼睛和艺术表现能力。

田金良

2018 年 9 月于郑州

目 录

材料与工具

"文房四宝"与常见书案陈设有哪些？ …………………………… 3

毛笔的种类有哪些？ …………………………………………… 4

挑选毛笔时需要注意什么？ …………………………………… 5

墨有哪些分类？ ………………………………………………… 6

为什么书画作品常选用宣纸？ ………………………………… 7

你知道"四大名砚"吗？ ……………………………………… 9

起步与门道

我国现存最古老的成熟文字是什么？ ………………………… 13

书法与写字有什么不同？ ……………………………………… 14

你知道五指执笔法吗？ …………………………… 15

什么是"双钩廓填"法？ …………………………… 16

初学硬笔书法有哪些注意事项？ ………………… 17

你了解篆书吗？ …………………………………… 19

隶书最显著的特点是什么？ ……………………… 20

传统的印章为什么有的是红底白字，有的是白底红字？ ………… 22

为什么会有繁体字和简体字？书法练习为什么要写繁体字？ ……… 23

常见的书画落款包含哪几项内容？ ……………… 24

书画作品落款里常用的纪年方法是哪一种？ …… 25

中国农历月份的诗意别称有哪些？ ……………… 26

常见的书法作品形式有哪些？ …………………… 27

传统的中国画颜料有哪些种类？ ………………… 29

工笔画的特点有哪些？ …………………………… 30

传统的中国线描技法分哪几种？ ………………… 31

写意画的特点有哪些？ …………………………… 33

书画中的"题跋"指的是什么？ ………………… 34

中国书画常见的装裱形制有哪些？ ……………… 36

名词与称谓

什么是象形文字？ ………………………………… 41

书法中经常提到的碑和帖是什么？ ……………… 42

常说的五大书体分别是什么？ …………………… 43

什么是"永字八法"？ …………………………………………… 44

"颜筋柳骨"该怎么理解？ ……………………………………… 46

魏碑是怎样一种书体？ ………………………………………… 47

为什么人们往往把底本称为"蓝本"？"蓝本"到底是何物？……… 49

什么叫"墨分五色"？ …………………………………………… 50

什么是"曹家样"？ ……………………………………………… 51

为什么称梅兰竹菊为花中"四君子"？ ………………………… 52

什么是国画？ …………………………………………………… 53

什么是"青绿山水"？ …………………………………………… 55

名家与名作

"楷书四大家"指的是哪四位书法家？ ………………………… 59

王羲之为何被称为"书圣"？ …………………………………… 60

为什么称《兰亭序》为"天下第一行书"？ …………………… 62

被誉为"正书之祖"的是哪位书法家？ ………………………… 63

"颠张狂素"指的是哪两位草书大家？ ………………………… 65

宋徽宗的"瘦金体"有什么精妙之处？ ………………………… 66

怎么看待颜真卿？ ……………………………………………… 68

书法艺术领域里，"初唐四大家"都有谁？ …………………… 69

书法艺术领域里，"北宋四大家"都有谁？ …………………… 71

顾恺之有哪"三绝"？ …………………………………………… 73

曹植与《洛神赋图》有什么传奇故事？ ………………………… 75

我国现存最早的山水画卷是哪一幅？ ·········· 76

《历代帝王图》描绘了哪些皇帝？ ·············· 78

吴道子为什么被尊称为"画圣"？ ·············· 80

你知道张萱与《虢国夫人游春图》吗？ ·············· 81

黄筌与《写生珍禽图》之间什么有故事？ ·············· 82

《清明上河图》描绘的是北宋哪个地方的风光？ ·········· 84

以一幅画而名垂千古的天才少年是谁？ ·············· 86

现存最早的纸本中国画是哪幅作品？ ·············· 87

你知道韩幹画马的故事与名画《照夜白》吗？ ·········· 89

你了解花鸟画大家崔白的《寒雀图》吗？ ·············· 91

你了解王冕是爱梅而又擅画梅的画家吗？ ·············· 92

个性潇洒的唐寅有什么艺术成就？又有哪些名作传世？ ·········· 94

八大山人是指八个人吗？他和"四僧"有关系吗？ ·········· 96

"扬州八怪"是指哪些画家？他们有什么特点？ ·········· 98

外籍画家郎世宁与中国画有哪些故事？ ·············· 99

人民艺术家——齐白石有哪些艺术成就？ ·············· 101

你知道徐悲鸿画马的故事吗？ ·············· 103

你听过张大千画荷花的故事吗？ ·············· 105

你知道人民大会堂里气势磅礴的《江山如此多娇》是谁画的吗？ ··· 106

李可染的山水画《万山红遍》为什么大面积用红色？ ·············· 108

故事与传说

没有汉字的时候，人们是怎样记录事情的？ …………………… 113

你知道仓颉造字的故事吗？ …………………………………… 114

《黄庭经》为什么被称为《换鹅帖》？ ……………………… 115

萧显与"天下第一关"有什么故事？ ………………………… 117

你知道"入木三分"的传说吗？ ……………………………… 118

你听过墨池的故事吗？ ………………………………………… 119

你听过十八缸水的故事吗？ …………………………………… 120

李煜与《韩熙载夜宴图》有什么传奇故事？ ……………… 121

你听过"退笔冢"与"铁门槛"的故事吗？ ………………… 123

你听过怀素芭蕉练字的故事吗？ …………………………… 124

我国文字记录最早的一副对联是什么？ …………………… 125

张僧繇与成语"画龙点睛"之间有什么故事？ …………… 126

《鹳鱼石斧图》是现存最早的中国画吗？ ………………… 127

我国现存最早的独幅人物画是什么？ ……………………… 129

你知道汉代画像石上"二桃杀三士"的故事吗？ ………… 130

你听过九色鹿的故事吗？它和敦煌壁画有什么关系？ ……… 132

启功的《草书千字文》有哪些鲜为人知的故事？ ………… 134

为什么表示美好的字，如"美""祥""善"中都有一个"羊"字？

………………………………………………………………… 135

艺术的遗存

你知道中国的四大石窟吗？它们有什么特点？……………………… 139

俗语说"一个唱红脸，一个唱白脸"，戏曲人物为什么会有不同的

脸谱颜色？……………………………………………………… 141

明清两朝官服上常有禽和兽的图案，为什么要用这些图案呢？…… 143

每逢春节或家里有喜事的时候，人们为什么要贴窗花？…………… 144

古人喜欢"刘海戏金蟾"的年画，这一题材是怎么来的？………… 146

材料与工具

"文房四宝"与常见书案陈设有哪些？

　　提到书房陈设，如果你想到的除了书就是"文房四宝"，那你就想得太简单啦。中国传统的文房布置是很讲究的，文房里有很多陈设。

　　"文房四宝"是对笔、墨、纸、砚四种文具的统称。文房用具除"四宝"以外，还有笔筒、笔架、笔山、臂搁、墨盒、笔洗、镇纸、水丞、砚匣、印泥、印盒、裁刀、图章、卷筒等，这些都是书房中的常用之物。我们把这类物件，统称为文房清供。文房清供俗称"文玩"，特指书房中配合笔墨纸砚发展而来的各种辅助用具。清供的种类非常多，划分也很详细，分别为纸用类、笔用类、墨用类、水器类和辅助类。

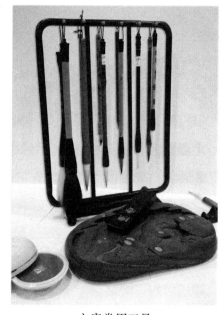

文房常用工具

清供中每种工具都有自己独特的用处，比如镇纸，顾名思义，是用来压纸张的，形状大多为长方形，其材质丰富多样，除常见的石材、木材、铜之外，还有竹子、瓷、玉等。笔山是写字作画时中途停下构思的时候，用来临时搁置毛笔的小工具。臂搁是文人用来搁放手臂的文案用具，我们现在写字用钢笔、水笔，古人写字用毛笔，悬腕自右向左竖着写，加上宽袍大袖，特别容易沾到墨汁，因而用臂搁来支撑肘和腕部。水丞就是水盂，是放置于书案上的贮水器。

文人清供的种类特别多，这里也只能列举一部分。书房的陈设，多是以清雅舒适为主，但有所偏好地摆放赏玩也很好，比如米芾就特别喜欢摆石。由于生活习惯的变化，古代的很多东西我们现在已不常用，但是许多收藏爱好者仍对收藏这类物品乐此不疲，工作之余也时常拿来把玩。

毛笔的种类有哪些？

现代美学家宗白华曾说："中国人写的字，能够成为艺术品，有两个主要因素：一是由于中国字的起始是象形的，二是中国人用的笔。"毛笔的种类繁多，作用也各有不同，那么毛笔的种类有哪些呢？一般来讲，毛笔的种类可以从笔毫的软硬、笔锋的长短、毛笔的大小和毛笔的产地等方面来划分。

1. 毛笔按毫的软硬可分为三类：硬毫笔、软毫笔和兼毫笔。硬毫笔主要用狼毫（黄鼠狼尾毫）制作，也有用獾、貂、鼠等动物的须毛来制作的。其优点是弹性好，易于掌握。软毫主要指羊毫，软毫笔是以青羊或黄羊之须或尾毫制成。羊毫笔比较柔软，吸墨量大，适于书写或者烘染。兼毫笔则多是两样毫毛都用，柔韧适度，宜书宜画。

毛笔

2. 毛笔按锋颖长短来分，有长锋、中锋和短锋。长锋笔锋长，锋腹柔，贮墨多。短锋笔锋短，锋腹刚，贮墨少。中锋笔介于二者之间。

3. 毛笔也有大小号之分，比如写字的有大、中、小楷毛笔，渲染色的有大、中、小白云毛笔。

4. 毛笔也可以按制笔的产地不同来分类，常见的有"湖笔""湘笔"等。

挑选毛笔时需要注意什么？

毛笔，是一种源于中国的传统书画工具，是古代中国人民在生产实践中发明的。毛笔作为最传统的书写和绘画工具，在古代，不论是文人墨客还是丹青大家，都对毛笔的质量要求极高。因此对于好的制笔师来说，制作毛笔不仅仅是一门技术，更是一门艺术。就传统而言，好毛笔要合乎"圆、健、齐、尖"四个标准，俗称"毛笔四德"，就像君子有"仁、义、礼、信、智"五德一样。其中"圆"是指毛笔的笔头蘸水提起时要有自然圆浑之感；"健"则是指将毛笔蘸水后用手轻按于纸上，然后拈起，毛笔能迅速恢复原样；"齐"指的是毛笔的笔毫要平整均匀，无参差不齐的杂毛；而"尖"是指毛笔的笔尖要尖锐细腻。要达到这四点要求，就需要制笔师有丰富的经验和精巧绝妙的技术。

一支毛笔从选择原料到成品，一般需要经过择料、水盆、结头、装套、蒲墩、镶嵌、择笔、刻字等十二道大工序，从中又可细分为一百二十多道小工序。唐代诗人白居易有"紫毫之价如金贵"之语。由此可见，一支好的毛笔价格是很昂贵的。在古代，不论是著名的书画家还是民间的读书人都离不开一支方便好用的毛笔，可以说，一代代没有留下自己名字的制笔师正是那一篇篇传世诗文、一幅幅笔墨丹青背后的无名英雄。

中国毛笔的特征，决定了中国书法的本质是追求线条之美。对线条美的追求，一直伴随着书法的发展。"工欲善其事，必先利其器。"这是不变的真理。

墨有哪些分类？

墨的历史久远，种类繁多。现代人为了方便快捷，一般选择墨汁。但古时候常用的是墨锭，需要放在砚台里加水研磨来使用。那么古代的墨锭是怎么分类的呢？按照制墨的原料，常见的墨锭有松烟墨、油烟墨、桐烟墨、漆烟墨等。

古时候使用最广泛的墨锭是松烟墨，是用松树枝烧烟，配以胶、香料及多种药材制成。松烟墨的特点是墨色黑，没有光泽，墨质细，不油腻，胶轻，入水易化，易附色，适宜写字。油烟墨多用桐油、麻油、猪油等烧烟，加入皮胶、麝香、冰片等制成。油烟墨质地优良，坚实细腻，色泽乌黑发亮，但用胶量较重。中国画也常用油烟墨，但在表现某些无光泽物如墨蝴蝶、黑丝绒等物象时，最好用松烟墨。

除这两种常用的墨外，还有一种彩墨，多是用五色或十色颜料制成一套。彩墨的色泽典雅，不易褪色，常用于绘画以及圈批、

油烟墨锭

缮抄书籍和文卷等，但彩墨只相当于颜料，因而不算是真正的墨。

好墨要具有"质细、胶轻、色黑、声清"的特点，最负盛名的是安徽徽州的徽墨。

为什么书画作品常选用宣纸？

纸是中国古代四大发明之一。书画用纸以安徽宣城生产的为最佳，因其产地，故称"宣纸"。宣纸的品质纯白细密，柔软坚韧，光而不滑，而且久藏不腐，耐老化，故有"纸寿千年"的美称。

宣纸，在书画用纸中被称为"纸中之王"。宣纸的种类很多，按选料可分为棉料、净皮、特净三大类，按厚度可分为单宣、夹宣、二层夹宣等，按纸纹可分为罗纹、龟纹等。

因加工手段的不同，宣纸又分为生宣、熟宣和半生熟宣。生宣纸

是没有经过矾水加工的，特点是吸水性和渗水性强，遇水会洇开，会产生丰富的墨晕变化，多用来画写意画。熟宣纸是经过矾水加工的，水墨不易渗透，遇水不洇，可以反复渲染上色，细致地描绘，适于画重彩的青绿山水画和工笔花鸟画。半生熟宣纸遇水慢慢化开，既有墨晕变化，又不过分渗透，皴、擦、点、染都易掌握，可以表现丰富的笔墨情趣。

在购买宣纸时，一般是以纸的长度为度量单位。目前用量最多的宣纸是四尺宣和六尺宣。一般四尺的宣纸横向对裁两份，是正方形的斗方，横向裁三份是小品形式的长方形，常叫"四尺三裁"。也可以纵向裁开，是细长条形的条幅，两条也可以组成对联。

书画用的纸张

书画用的宣纸

历代文人墨客、书画名家无不喜用宣纸。用宣纸题字作画，墨晕清晰，层次分明，其字其画，神采飞扬，能产生独特丰富的艺术效果。

你知道"四大名砚"吗?

砚台是文房用具,由于其性质坚固,传百世而不朽,因而被历代文人作为珍玩藏品之选。砚台的种类丰富多样,除端石砚、歙石砚、洮河石砚、澄泥砚、红丝石砚、砣矶石砚、菊花石砚外,还有玉砚、玉杂石砚、瓦砚、漆沙砚、铁砚、瓷砚等,共几十种。从唐代起,端砚、歙砚、洮河砚和澄泥砚被并称为"四大名砚",其中尤以端砚和歙砚为佳。

端砚产于广东省肇庆市东郊的端溪,世称端砚为"群砚之首"。自唐代以来,便颇受文人学士青睐。端砚质地如小儿肌肤,温润如玉,有不损笔毫、宜发墨的特点。

歙砚又称"龙尾砚""婺源砚",砚石产于江西省婺源县龙尾山,婺源古代属于歙州,因此得名。自唐以来,一直保持其名砚地位。歙砚的石品很多,主要分为罗纹类、眉纹类、金星类等。罗纹砚,其纹如罗丝精细,其色青莹,其理坚密,质地坚实温润,容易发墨,容易清洗。

砚台

用砚台研墨

洮河砚，产于甘肃省甘南藏族自治州卓尼县洮砚乡洮河之滨，故而得名，也称洮砚。其料非常难得，取于洮河深水之中，是珍贵的砚材之一。其特点是质地细密晶莹，石纹如丝，贮墨不变质，发墨快，在北方最为贵重。

澄泥砚，属陶砚的一种。澄泥砚最早产于山西绛州，自中唐起，历代皆为贡品，在中国砚台史上占有重要地位。文人墨客多视其为珍宝，题跋珍藏。澄泥砚以过滤的细泥为材料，掺进黄丹团后用力揉搓，再放入模具成型，用竹刀雕琢，待其干燥后放进窑内烧，最后裹上黑腊烧制而成。其特点是质地坚硬耐磨，易发墨，不耗墨，可与石砚媲美。

起步与门道

我国现存最古老的成熟文字是什么?

你去过古都安阳吗?这座历史文化名城因为我国现存最古老的成熟文字——甲骨文而闻名。

甲骨文是镌刻或写在龟甲和兽骨上的文字,出土于河南安阳小屯一带。这里曾是商代后期商王盘庚至帝辛的都城,史称为"殷"。商灭后,

甲骨文

此地遂成为废墟，后人便以"殷墟"命名。因此，甲骨文又称"殷墟文字"，其内容绝大多数是王室占卜之事。

关于甲骨文的发现过程，有一个流传甚广的故事，与中药"龙骨"密不可分。龙骨一般是指远古哺乳动物的骨骼化石，中医认为其可以入药，有治疗疾病的作用。后来，甲骨代替龙骨做药用，在这一过程中，甲骨文资料遭受到了不可估量的损失。光绪二十五年（1899），清末官员、金石学家王懿荣生病，就在中药店买回了一服中药。他不经意间发现，在一味名叫龙骨的药品上面刻着一些特殊的符号。于是他把那家药店所有的龙骨都买了下来，发现每片龙骨上都有相似的图案。他把这些奇怪的图案画下来，经过长时间的研究后，他确信这是一种文字，而且比较完善，应该是殷商时期的。后来，人们找到了龙骨出土的地方，在那里又发现了一大批龙骨。因为这些龙骨主要是龟甲、兽骨，所以人们将这些符号图案命名为"甲骨文"。

甲骨文距今已有三千余年的历史，它不仅是研究我国文字源流最早的系统的文字资料，同时也是研究甲骨文书法重要的财富。

书法与写字有什么不同？

书法从广义上讲，是指文字符号的书写法则。从狭义上讲，它是以汉字为基础，以毛笔（软笔）或钢笔（硬笔）为表现工具的一种线条造型艺术。换句话说，书法是指按照文字特点及其含义，依据不同书体的笔法、结构和章法书写，从而创作出的富有美感的艺术作品。可以说，书法离不开写字，但写字却不完全等同于书法。

书法是一门艺术，其衡量标准不同于一般的写字。通常来说，写字只需要了解间架结构和通用的笔画，把字写清楚、平稳就可以了；但书法要上升到对体现作者思想情操和笔墨技巧的艺术境界进行分析和衡量，并且有严格的品鉴要求。写字的目的性很明确，是为了某种应用而练习实践，只要外形好看，即达到目的。

书法与写字两者相互关联，要想在书法上有所成就，需加强对书写的基本技法的学习，对各种书体的笔法、结构、章法、钤印等都要了然于胸。同时，还要反复临习、观赏，不断提升对书法艺术的品鉴能力，了解古往今来的名家名作的艺术特点，才能更好地领会书法艺术的魅力。

你知道五指执笔法吗？

五指执笔法是用毛笔书写时执笔的一种方法。这种执笔法可以概括为五个字：擫、押、钩、格、抵。

五指执笔法是最常见的毛笔执笔方法。擫：拇指肚紧贴笔管内侧，向笔管用力。押：食指压在笔管的外侧，与拇指对应捏住笔管。钩：中指紧贴食指，由外向内用力钩住笔管。格：无名指指甲根部由内向外顶住笔管。抵：小指紧贴无名指，只为无名指助力，但不能接触笔管。

执笔时手部的动作和身体的姿态要想配合好，应注意的要点可概括为：指实、掌虚、腕平、腰背直、脚放平。

指实是说握笔结实，拇指和四指要相互靠拢，密实不松散。

掌虚是说拿笔时掌心要虚空，手心里像握有鸡蛋一样。无名指和小

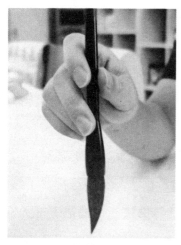

五指执笔法

指都不要贴到掌心，大拇指和食指间的虎口要张开。这样，运笔就能稳实而灵活。

腕平是指手腕与桌面要平行，不歪斜，这样既能很好地保证中锋行笔，也有助于灵活运笔。

腰背直就是身子要坐正，这样书写时用力才均衡，写字才端正，而且更加方便观察，还能保护眼睛。

最后是脚放平，这样才能心平气和，把周身之力很自然地运用到笔端，使写出的字更有力度。另外，执笔高低要合适。当然了，古人言，执笔无定法，同学们也可以根据书写绘画的要求灵活执笔。

什么是"双钩廓填"法？

古时，人们为了获得书法作品临摹的范本并保持作品的原貌，常使用具有一定透明度的纸张覆盖在作品上，用毛笔把字的边缘用细线勾出，然后蘸墨把勾出的字填满，便可获得一份复制的作品。这种勾边线的工序叫"双钩"，把笔画用墨色填实的工序叫"廓填"。

"双钩""廓填"让习字者复制字帖时，既能熟悉字帖，也可以提高书法技能。经过一次这样的勾画，字帖的各种细节会给练习者留下非常深刻的印象。

所谓"双钩廓填"，原本是一种临摹的方法，用这种方法获得的作品，称为"摹本"或"钩摹本"。好的"摹本"可以非常准确地再现原作的精神风貌，在印刷技术出现之前，"摹本"与刻帖是书法名迹得以流传的两种重要途径。"双钩廓填"法起源于唐，也兴盛于唐。书圣王羲之的真迹，今天已几乎全部散佚，我们之所以还能够见识王羲之的书法风采，全得仰仗唐人技艺精湛的"摹本"，最著名的"摹本"之一，就是唐朝冯承素临摹的王羲之《兰亭序》。

双钩填墨

通过"双钩廓填"，可以将原本的字形、章法一一再现，所以"摹本"可以说是和真迹极为相似的"高仿品"。然而，判断一件作品是不是"摹本"，不能简单以字形的优劣来衡量，虽然能通过勾摹把原作的形态克隆出来，但书法作品内在的神采、气韵却无法复制。所以对于书法墨色气韵的感悟，也是一个鉴赏家最基本的素质。

初学硬笔书法有哪些注意事项？

临摹是学习硬笔书法最有效的办法。"临"和"摹"是两个不同的概念，"临"是"对着写"，而"摹"是在字帖上照字"描着写"。在临帖的时候要注意以下几点：

1. "临""摹"结合，相互补充。临帖时不要看一笔写一笔，看一个

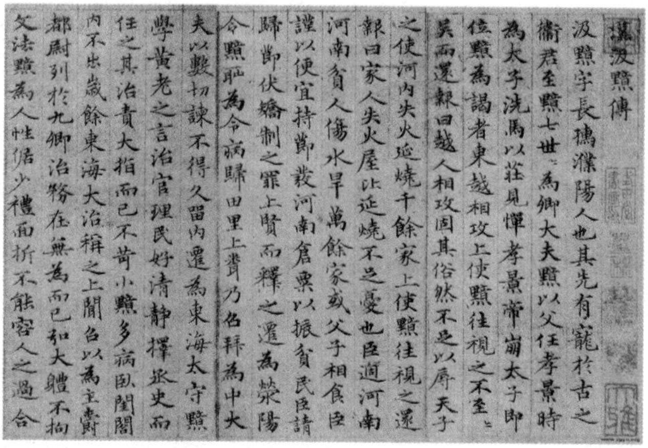

汲黯传（局部）　元　赵孟頫

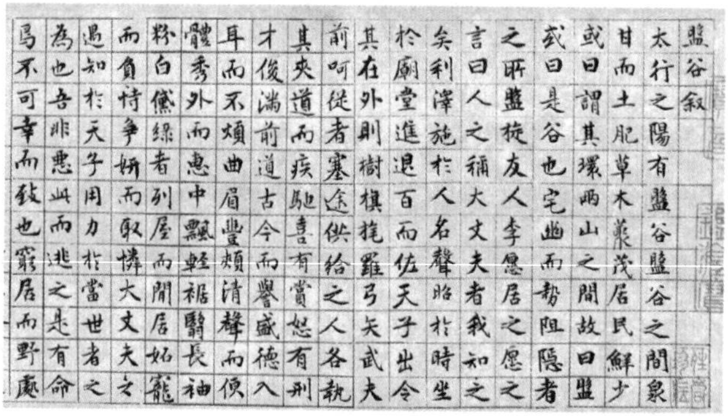

盘谷叙（局部）　明　文徵明

字写一个字。要注意观察一篇作品中单个字笔画的部位、长短、粗细和曲直，以及字与字之间的相互关系，做到心中有数。

2. 定时定量，不要贪多。临帖要少而精，力求掌握。

3. 临写速度不要太快。要做到由慢到快，疾徐有致。

在此基础上，选择具有较高实用价值和艺术价值的古代小楷名帖进行临摹，是写好硬笔楷书的关键。适合硬笔楷书临摹的小楷名帖有三国时魏国钟繇的《宣示表》《荐季直表》，东晋王羲之的《乐毅论》《黄庭经》、王献之的《洛神赋十三行》，隋代智永的《真草千字文》，唐代钟绍京的《灵飞经》，元代赵孟頫的《道德经》《汲黯传》，明代文徵明的《草堂十志》《盘谷叙》《千字文》等。只有经常临摹小楷名帖，才能把硬笔楷书写得俊秀美观。

你了解篆书吗？

篆书字体是我国最传统的字体之一，尽管现在不被广泛使用，但由于其特殊性，在传统文化复兴的今天，篆书在书法艺术交流、产品的包装设计、海报设计、标志图形创意等方面，还是不可或缺的文化元素。比如2008年北京奥运会的标志的设计，就是从小篆字体中获得的灵感。

北京奥运会会徽

篆书主要有大篆和小篆两个大类。其中大篆包含甲骨文、金文、籀文和春秋战国时各国的文字。虽然传承下来的此类文字很多保存不全，但它们仍保留着古代象形文字的明显特征。秦始皇统一中国后，推出"书同文，车同轨"的政策，取消其他六国文字，创制统一的文字，史称"小篆"，也称"秦篆"。小篆以秦国文字为基础，特点是外形修长，笔画布白安排均匀，而且很多是左右对称，书写时毛笔起和收不留痕迹，体态端庄，有很强的秩序美和规律性。

除此之外，篆书还有独特的力量之美，大篆类的比较古朴浑厚，小篆类的比较端庄妍美。篆书的美感集中体现在它的结构之中：一是体现在中和美和对称美上，二是体现在对比美和变化美上。

篆书作为中国书法一种独特的书体，历来为书法家所重视。很多书法家从篆书中汲取精华，继承发展后自成一家。比如清代书画大家吴昌

书画作品　清　吴昌硕

硕，就是发掘石鼓文的笔法，最终形成自己苍劲古朴的书法风格。此外，他还把大篆的笔法运用到写意画中，形成了笔墨苍劲凝练的绘画风格，其间，篆书用笔的骨力在他笔下的梅花枝干上表现得尤为突出。

隶书最显著的特点是什么？

隶书，亦称汉隶，是汉字中常见的一种庄重字体，其横画长，竖画短，呈扁长状，主笔讲究"蚕头燕尾""一波三折"。

隶书起源于秦朝，是从篆书简化演变而来的一种字体，主要是把篆书圆转的用笔化为方折，相传由程邈整理而成。隶书初始于秦代，经两汉发展，到东汉达到巅峰。最初的隶书，篆体痕迹明显，字形偏长，波折不明显。东汉成熟时期的隶书，字形偏扁而且左右开张，主笔"蚕头燕尾"，圆笔减少，方笔增多。成熟的隶书还被称作"八分书"。

　　隶书在两汉时期留下来大量经典作品。主要分为碑刻和摩崖作品。这些著名的碑刻，各有各的精彩，各有各的风格，各有各的美妙：如秀美飘逸的《曹全碑》，方劲古朴的《张迁碑》；又如书法家常提到的"孔庙三碑"即《乙瑛碑》《史晨碑》《礼器碑》，都是艺术性极高的作品，以典雅端庄著称；再如雄放多变的《石门颂》，历来评价也很高。

　　总之，隶书整体风格多样，对后世书法有不可小觑的影响。

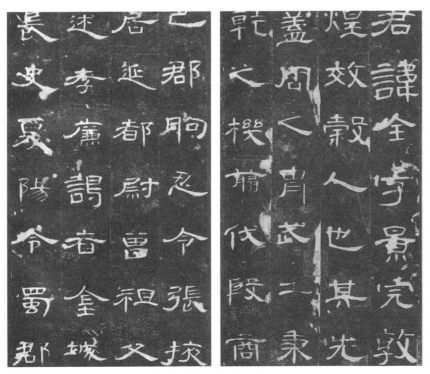

曹全碑（局部）　东汉

传统的印章为什么有的是红底白字，有的是白底红字？

五童纸鸢图　近现代　齐白石

我国古代的书画作品常常会在空白处钤一个或多个印章，这为后人鉴别作品的作者、题跋者和收藏者等信息提供了重要的线索。仔细观察这些印章，就会发现它们有的是红底白字，有的是白底红字，为什么会存在这样的差别呢？

原来，印章有阴刻和阳刻两种基本方法。阴刻是指用刀在印章上将文字的笔画刻去，印章表面文字部分是凹下去的，在使用红色的印泥时，被刻去而凹下的文字部分就沾不到颜色，印在纸上，就形成了红底白字的效果。与之相反，阳刻则是用刀在印章上将文字笔画周围的材料都刻去，这样印章表面文字部分是凸起的，在使用红色印泥时，凸起的文字部分能够沾到颜色，而周围被刻去的部分则无法着色，印在纸上，就形成了白底红字的效果。因此，阴刻又被称为"白文"，阳刻又被称为"朱文"。

与我们日常生活中以阳为正宗的习惯不同的是，印章篆刻以阴刻为正宗。一方面，

借山翁、齐璜之印　近现代　齐白石

由于篆刻的实质是一门用刀在石头等材料上"写字"的艺术，阴刻正是用刀"写字"，阳刻却是用刀"写空白"，所以直接"写字"的阴刻当为正宗。

为什么会有繁体字和简体字？书法练习为什么要写繁体字？

简体中文，是相对繁体中文而言的现代中文的一种标准化写法。目前，简体中文主要在中国大陆以及马来西亚、新加坡等东南亚的一些华人群体中使用。

20世纪50年代中期，在周恩来总理的直接关心下，结合了上百名专家的意见、努力，我国对数千个常用的中国文字进行了一次字体的简化。当时，中国经历了上百年的内忧外患，国弱民穷，一个延续了几千年的农业大国，百分之八十以上的人口在农村，教育落后，文化普及率极低，一半以上的人口是文盲和半文盲。要在这样的基础上发展文化，建设国家，识字扫盲便成了一个重要的历史任务。简化文字，当时的目的就是为了让数以亿计的人民大众能够尽早尽快地识字认字，提高使用文字的速度，提升文化水平，同时也方便学生在校学习。

那练习书法时为什么要写繁体字呢？中国书法源远流长，在古代，繁体字是通用字，书法作品都是用繁体字书写的。我们要学习书法，继承传统文化，必须通过临帖才能得到精髓。毕竟，繁体字比简体字具有更丰富的内涵。

但现在越来越多的人在书法作品中使用简体字，以硬笔书法最为常见。书法作品中究竟能不能使用简体字？这还要看使用场合，且使用时繁简要统一，简体字的书法作品不能出现繁体字，繁体字的书法作品不能出现简体字，否则就会贻笑大方。

常见的书画落款包含哪几项内容？

落款是指书法作品中除正文以外的书写内容。落款包括：正文内容的出处、赠送对象、创作缘由、创作时间、作者姓名字号等。

常见的落款有"双款""单款"两种。双款是将书画赠予对象与作者分别落在上方和下方，受赠者写在上款，作者写在下款。落款中只有下款没有上款的称为单款，单款又有长款、短款、穷款之分。长款一般会记述创作的缘由、心情、时间、地点、作者等。短款则一般只写时间、地点和作者。而穷款往往只写作者字号。

落款的书体一般不能与正文雷同，落款的字体也需要明显小于正文。一般来说，正文内容是隶书，落款不用篆书，正文是楷书，落款不用隶书，正文是行草，落款不用楷书。总之，落款的一般原则是"文古款今""文正款活"。

常言道"书画同源"，中国画的落款与书法大体相同，常常是通用的。绘画落款时，如果是写意画，则多用行草书落款，会显得流畅洒脱。如果是工笔画，往往用楷书或者隶书落款，会显得端庄大气。中国画落款时，有些画家喜欢在作品上写上自己的感受，这些诗文与书法、绘画结合在一起，更能表达出丰富的思想情感。

书画作品落款里常用的纪年方法是哪一种？

落款，是融诗文、书法、篆刻等于一体的综合艺术形式，也是中国书画的独特艺术传统。落款的章法和内容都有很多规矩，落款时常要写明作者的姓名、创作时间、地点等内容。时间则一般按照年份、季节、月份、日期来详尽阐述。需要强调的是，传统书画落款的时间一般要写阴历，且多用干支纪年法。

天干地支，简称为干支，源自中国远古时代对天象的观测，有十天干和十二地支。十天干就是甲、乙、丙、丁、戊、己、庚、辛、壬、癸。十二地支就是子、丑、寅、卯、辰、巳、午、未、申、酉、戌、亥。十天干和十二地支依次相配，组成六十个基本单位，两者按固定的顺序相互配合，组成了干支纪年法。比如：甲子、乙丑、丙寅等。

金鱼　当代　吴作人
（落款是单款）

25

花鸟　北宋　赵佶（落款也是单款）

现代书画作品落款中的时间有人主张用公元纪年，也就是阳历，说是笔墨书写当随时代。但从强调保持民族特色和传统文化习惯来说，我们应该沿用阴历。现在这两种方法都有人使用，但两种方法不可交互并用。一般油画、水彩这些从西方过来的绘画上用阳历。传统的书法、中国画不写公元的年月，可用天干地支来纪年。注意，用干支纪年的话不要在后面加一个"年"字，像 2020 年用阴历纪年是"庚子"，不要写成"庚子年"。

中国农历月份的诗意别称有哪些?

中国书画一般都用阴历纪年，才能显示出中国传统纪年的特点。落款时候一般都是阴历月份，月份的别称特别复杂，而且有不同的来历。早在数千年前，我国先民就制定了阴历和二十四节气来指导生产与生活，在发现和命名这些规律的时候，古人展现出极其敏锐的观察力和富有诗意的想象力。

中国阴历十二个月份的别称都充满诗意。正月银柳插瓶头，二月杏花闹枝头，三月桃花粉面羞，四月槐花挂满枝，五月石榴红似火，六月荷花满池放，七月凤仙节节开，八月桂花遍地香，九月菊花傲霜雪，十月芙蓉显小阳，十一月葭草吐绿头，腊月梅花吐幽香。每个月份都根据自然界的植物的生长规律来命名，充满诗情画意。

在书画作品中，落款一般要写上年月。月份的题写也有很多别称，这里选择常用的收录如下：

一月：正月，元月，端月，岁首，正岁，柳月，孟春。二月：如月，杏月，仲春。三月：桃月，季春。四月：清和月，槐月，孟夏。五月：榴月，蒲月，仲夏。六月：荷月，伏月，季夏。七月：瓜月，巧月，霜月，孟秋。八月：桂月，仲秋。九月：玄月，菊月，季秋。十月：阳月，小春，孟冬。十一月：葭月，冬月，仲冬。十二月：腊月，季冬，暮冬，暮岁。书画落款时要特别注意，月份可以不写，若要写，一定要准确，不然会贻笑大方。

常见的书法作品形式有哪些？

对于初学书法的同学来说，书法学习时除了临摹经典碑帖，也要尝试书写作品。那书法作品常见的形式主要有哪些呢？一般包括楹联、中堂、斗方、横披、条屏、扇面、册页、手札、手卷，这些都是比较传统的书法作品形式。

楹联：也称对联、对子。楹联由诗词演变而来，由两个对称的条幅组合而成。书写内容往往对仗工整。

中堂：是指用四尺或六尺整张宣纸竖直书写的作品，高宽比一般是二比一，古时多挂在堂屋中间，现在则一般悬挂在大厅重要位置。

斗方：古时中堂的一半称为斗方，其规格为正方形。现在一般不论大小，凡正方形的作品都称作斗方。

横披：横幅的书法形式，多用于写斋、堂、轩、馆名称或格言，古时候匾额常是横披形式。

条屏：是书法作品的一种竖式形制，明清以来尤为盛行。通常悬挂在厅堂的正面或侧面墙上，也可依序分别挂在中堂的两侧。因此，条屏的条数应该为偶数，常见的为四条屏、六条屏、八条屏，也可以更多。

扇面：精致小巧，融艺术性和实用性为一体，适合观赏把玩。扇面一般有折扇和团扇之分。

红梅扇面　近现代　齐白石

册页：是书画作品分页装裱成册的一种形制，主要用来收藏、欣赏而非张挂。

手札：又称信札、尺牍等。手札虽属于书法小品，但它在中国书法史上却占有重要地位。

手卷：手卷亦称长卷，为横幅。其画面窄长，不能悬挂，可以边展开、边观赏、边卷合，所以叫"手卷"，也叫"横卷"或"长卷"。手卷的内容可以是一首或一组诗词，也可以是一篇完整的文章，如王羲之的《兰亭序》、怀素的《自叙帖》，都是流传千年的经典之作。

在书画创作中，不同的形制为我们提供了多种表现方式：长卷可满足人们展阅把玩的需求，有延绵接续之感；中堂和条幅用于悬挂，庄重而沉稳；对联富有文学色彩和视觉的对称性；手札可玩味于指掌，富含书卷气；横披的延展给人以宽阔庄重的气象，适合书写名言警句，非常适合现代居室悬挂，因而受到人们的青睐；扇面不仅实用，而且在把玩时能增添文化内涵。总之，多变的形制，为中国书法提供了丰富的创作空间。

传统的中国画颜料有哪些种类?

认识颜料是认识中国画的基础，中国画使用的颜料有植物颜料（水色）、天然矿物质颜料（石色）和化学合成颜料三大类。植物颜料有花青、胭脂、藤黄等。天然矿物质颜料有赭石、朱砂、朱磦、石青、石绿等。而现在市面上出售的盒装锌管十二色中国画颜料多为化学合成颜料。

那么植物颜料、天然矿物质颜料和化学合成颜料三者又有什么区别呢?

植物颜料，也叫水色，是用自然界中植物的汁液制成的，呈膏状或块状，是透明色，可以相互调和使用，没有覆盖力，色质不稳定，容易褪色。例如花青，呈深蓝色，为植物透明色，是用蓼蓝、大青叶等植物的枝叶泡制而成。再如藤黄，呈柠檬黄色，为植物透明色，多是用热带植物藤树枝干的汁液制成。

天然矿物质颜料，也叫石色，是用天然矿石制成。其色泽沉着艳丽，经久不变。这种颜料呈粉末状，在使用时要调入一定比例的胶。它是不透明色，不能相互调和使用，但其覆盖力强，色质稳定，不易褪色。

化学合成颜料是仿照传统的植物色（水色）和矿物质颜料（石色）而制成的。因为是锌管包装，使用时不用调胶，挤出来即可使用，并且造价也很低。但颜料本身的色泽远不及天然矿物质颜料纯正美丽，色质也不稳定，容易褪色。

工笔画的特点有哪些？

工笔是中国画技法的一种，是一种工整细致、严谨细密的画法，所以工笔画也叫"细笔画"。如五代时期黄筌画的工整富丽的花鸟画、宋代的院体画、明代仇英的重彩人物画等，都属于工笔画。

花篮图　南宋　李嵩

工笔画有一套完整的技法体系，在长期的发展过程中形成了独特的风格面貌，这里把它的特点归纳如下：

一是注重线条勾勒。以线造型是中国画技法的特点，也是工笔画的基础。工笔画对线的要求是工整、严谨，主张骨法用笔，要通过线条表现事物的特点，一般中锋用笔较多。同时强调书法用笔，有起笔、行笔、收笔三个过程。

二是"随类赋彩"。使用色彩以层层渲染的固有色为主，色彩运用有着独特的规律与方法，有别于西方传统绘画的光影色彩规律，一般工笔画设色要层层渲染，不能一挥而就。要通过分染、罩染、平涂等技法把颜色一层层叠加上去。这样画出的画颜色丰富而沉着、明快而富丽、细腻且高雅，往往有统一的色调，具有浓郁的中国民族审美色彩。

三是强调装饰性与平面感。在工笔画中，装饰性是不可缺少的因素，从构图、线描、设色到形象的细部处理都带有一定的平面感和装饰性。画面的装饰性一方面来源于传统的程式化手法，另一方面是作者对生活中的形象通过提炼、概括、再创造而形成的艺术效果。

传统的中国线描技法分哪几种？

中国画源远流长，在长期的发展过程中形成了丰富的技法。用笔方法有勾、皴、擦、点、染等。其中，用线条勾画描绘物象轮廓结构的方法叫描法。在此基础上，古代人物画还总结了衣服褶纹的各种描法，就是我们经常听说的"十八描"。

这十八种描法分别为：（1）高古游丝描；（2）琴弦描；（3）铁线描；（4）行云流水描；（5）蚂蝗描；（6）钉头鼠尾描；（7）混描；（8）撅头丁描；（9）曹衣描；（10）折芦描；（11）橄榄描；（12）枣核描；（13）柳叶描；（14）竹叶描；（15）战笔水纹描；（16）减笔描；（17）柴笔描；（18）蚯蚓描。

白莲社图（局部） 北宋 张激

这些描法实际上可基本分为两大类：一类是要求中锋行笔，力度均匀，且笔画粗细一致，线条圆润饱满，如铁线描和高古游丝描。另一类是在行笔过程中注重笔锋的变化，行笔快，变化多，从而形成变化丰富的线条，如柳叶描、橄榄描等。但无论哪种描法，都是为了更好地塑造形象，而不是为了"描法"而描。

历史上曾出现过很多线描大家，比如东晋的顾恺之以高古游丝描画人物，线条细密绵长，像春蚕吐丝一般。他的人物画《洛神赋图》《女史箴图》中所用的线条，有非常均匀缓和的节奏感，就是典型的游丝描。画圣吴道子所画的人物画《送子天王图》中，人物神态自若，衣带飘飘犹如临风飞舞，所用的线条如飘曳的兰叶一般，故称"兰叶描"。再如北宋张激的《白莲社图》，图中人物线条圆转流畅，行笔呈现粗细的变化，起笔、转笔时有顿挫，明显承袭吴道子的线描传统。

当然，以线造型是中国传统绘画的特色，不管是人物画，还是山水画、花鸟画，都少不了以线勾勒物象。画家通过线条的轻重、快慢、疏密、长短等来表现描绘对象，体现出特有的美感，并传达丰富的思想和情感。

写意画的特点有哪些?

写意画是和工笔画相对应的一个中国画种类，它用简练概括的笔法来描绘事物，常常画在生宣上，往往是逸笔草草，不求形似，更侧重体现所描绘景物的神韵，抒发作者的情感。

写意画的特点鲜明，主要概括如下：

一是具有诗、书、画、印交相辉映的艺术形式美。写意画不是单纯的画，而是融诗词、书法、绘画、印章为一体的综合艺术形式。当然，这种效果极富表现力，也是在长期的艺术实践中逐步形成的。早期中国绘画并没有诗款，宋元以来，文人参与绘画，开始在画面上题诗落款以表达内心的思想感情，这对写意画现在面貌的形成和发展起了积极的作用。

二是强调笔墨趣味，追求神似。写意画为了表现作品中的神韵，因此更强调用笔用墨的方法，追求丰富的笔墨情趣。丰富的笔法和墨色的浓淡、干湿、轻重变化，创造了丰富的写意用墨方法，如泼墨、积墨等。同时，写意画多以书法的笔法作画，这也极大地丰富了书法的表现形式，所以

芭蕉　近现代　齐白石

荷花　现代　潘天寿

写意画家多半是书法家。明代大画家徐渭，画写意画时借鉴草书笔法，用纵笔挥洒、大胆落墨的泼墨法来表现牡丹，更加凸显了牡丹恣意盛放的姿态和神韵。同时，徐渭也是一位大书法家，他的草书气势磅礴，他曾经自评"书法第一，诗第二，文第三，画第四"。再如郑板桥，他同时擅长书法和绘画，并把两种艺术相互参照融合，以书法的笔法画兰竹，风格奇崛劲峭；又以绘画方法写书法，创出独特的"六分半书"。

三是写意画更强调画家的个性发挥。如清代的"扬州八怪"，就是以"怪"闻名于世，作画不拘常规，并以特立独行的风格来表露他们个人的精神。

书画中的"题跋"指的是什么？

"题跋"在中国书画艺术中占有很重要的地位，是中国书画构图的重要组成部分。一般说来，在书画、碑帖上题的文字，均可称为题跋。一般称写在书画或碑帖前面的文字为"题"，写在后面的文字为"跋"。

宋代以前的画没有题跋，即使有，也只是在树干、山石后面等不明显的地方题写名字而已。比如北宋范宽著名的山水名作《溪山行旅图》，几百年间我们只能根据史料记载和明代书画家董其昌在画上的题跋来推测这幅画的作者。直到1958年，长期醉心于临摹范宽的《溪山行旅图》的研究者，台湾画家李霖灿才在画面下方树林的间隙里发现了范宽的签名。在树丛中隐藏的"范宽"两字，如果不是反复和仔细观看根本无法找到。至此，《溪山行旅图》出自范宽之手再无疑问。

溪山行旅图 北宋 范宽

伴随宋元时期文人画的兴起，文人之间在绘画作品上写跋、题诗逐渐盛行，题跋最终成为传统中国画的重要艺术形式。所以，在存世的宋、元、明、清及近现代的书画作品上，同时有书画家本人的落款和他人的题跋是十分自然的事。书画中的题跋因此可以分三类：第一类是作者本人的题跋，主要是作者的题记和落款。第二类是同时期人的题跋。第三类是后人的题跋。后两类往往都是同期或后期收藏以及观赏者对作品的感受和评价。

墨虾 近现代 齐白石

在中国画的题跋中，题字多的叫作"长

题"，题字少的，甚至少到只写一个姓名的，叫作"穷款"。题字可以是两句诗、一首诗、几句散文小记，甚至长篇诗文，当然了，具体要根据画面的构图需要来考量酝酿题跋。如此，不仅可以增加画面的可读性，还能给人以画外之启。远的不说，近现代画家中，齐白石的题跋非常有趣味；黄宾虹的不少题跋倒像一则则画论；潘天寿的题跋极讲究空间位置，成为画面的有机组成部分。

题跋本身就是一门学问，好的题跋不仅能使一幅画锦上添花，还能点石成金。题字不在多，片语只字便能使人感到"诗中有画，画中有诗"的意境。

中国书画常见的装裱形制有哪些？

装裱形制，就是根据书画的大小、形式以及用途制作的样式。我国传统书画有卷、轴、片、册四大类装裱形制。

立轴是最常见的一种款式，又叫挂轴，可以挂起观赏，是一种长方形的竖幅装裱形制。立轴除画心外，一般由隔水、天头、地头、惊燕、诗塘、天杆、地杆、轴头等部分构成。

条屏，是一种竖式悬挂的装裱形制，有时候单个的条屏也叫条幅。条屏有独景屏和多景屏，多景屏通常为四幅或四幅以上，一般都是偶数，有四条屏、六条屏、八条屏、十二条屏、十八条屏、二十四条屏等。

长卷也叫手卷、卷轴、手轴，形式是横幅。古人常常在几案上用手展开阅览，故叫手卷。如张择端的《清明上河图》、黄公望的《富春山居图》就是手卷。手卷是我国最早出现的一种装裱形式，也是所有装裱形制中结构最为复杂、难度最大的一种款式。

册页也称"叶子"，装裱时十分讲究。它和我们现在书籍中的活页一样，观看非常方便，一般都是小幅，常作为学习交流使用。

除了上述常见的四类，我国传统书画的装裱形制还有横披、斗方、扇面等。

名词与称谓

什么是象形文字？

象形文字来自图画符号，象形是一种最原始的造字方法，如古埃及的象形文字、两河流域的苏美尔文、古印度的古印度文以及中国的甲骨文，都是独立地从原始社会最简单的图画和花纹产生出来的。中国的象形文字是华夏民族智慧的结晶，是老祖宗们描摹事物、记录事实的一种方式，也是演变至今保存最完好的一类文字。

比如，"山"是由象形文字 ∧∧∧ 演变而来，像远望地平线上起伏连绵的群峰；"水"由象形文字 ⑶ 演变而来，像从山岩或峭壁上飞泻而下的水滴； ⼚ 是"石"的象形文字写法， ⼚ 指代的是悬崖，而 ⊟ 则代表岩块，等等。是不是很有趣呢？

古埃及文字和楔形文字，早在公元前三千年左右就已经很发达了，但这两种古老的文字，不幸于公元元年前后被埋在滚滚黄沙和断壁残垣之下，后经近代考古学家的考古发掘才使它们重见天日。它们都是躺在历史博物馆里的文字，是文字的化石了。甲骨文为历史上最古老的象形文字之一，它历经数千年沧桑，演变成当代中国汉字，是延续至今仍为

41

全球华人广泛关注和使用的文字。

　　书法中经常提到的碑和帖是什么？

　　碑，最初是指在庙里堆放的石头，它上边原来都没有文字，后来才在上面刻字，此后凡是刻字的石头都叫作碑。直到现在，说起"碑刻"，就包括庙碑、墓碑、墓志、造像、经幢等在内。广义地说，碑还可包括天然岩壁上的摩崖石刻。目前发现最早的中国古代的石刻文字，是河南安阳出土的商代石簋断耳，其上有十二个字。此外，还有战国时期著名的十只石鼓，其周身也有刻字。秦始皇、秦二世两代诸山刻石，据考证多是石头四面刻字，与汉代以后的碑形制不同。我们今天谈的"碑刻"，是连这些也算进去的。

　　东汉时，刻碑的风气盛行，碑的形制逐渐稳定。碑石上的文字多为记人记事、歌功颂德等内容，同时也保存了中国灿烂的书法文化，在中国书法史上具有重要的地位和极高的价值。后来，历朝历代著名书法家的作品往往也刻在石碑上，为我们今天学习书法留下了宝贵的资料。

　　"帖"原本是指写在绢帛书卷前的标签。后

自书告身帖（局部）　唐　颜真卿

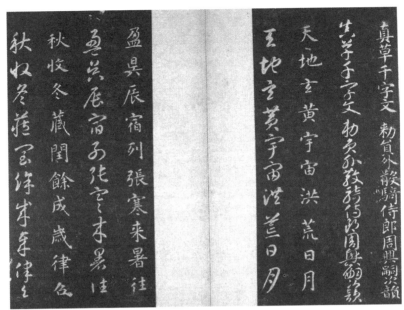

真草千字文　陈隋　智永

来，"帖"的意义逐渐延伸。先是指写在帛上的字迹，造纸术发明后，又把写在纸上的书迹称为帖。

书法中的帖是指古人写在纸帛上的手迹。为了临摹学习、传播欣赏，就把书法家的手迹刻凿在悬崖和石碑上，若将上面的文字捶拓下来，装裱成册，这类册子也称为帖。

我们今天把用于临摹和学习的碑刻拓片、手迹字帖、名家范本等都通称为帖了。所以，学习书法的时候，也常说要从读帖、临帖开始。

常说的五大书体分别是什么？

中国书法博大精深，源远流长。自甲骨文开始，我国书法逐渐演变发展成各具特征的五种书体，分别是：篆、隶、楷、行、草。那么怎么来区分识别它们，它们又有哪些经典之作呢？

首先需要区分认识的是篆书，篆书包括的字体分类很多，前边已经介绍过。小篆的字体特点是，字形长方，笔画均匀，匀称美观。

隶书通行两汉，字体偏扁，笔画流畅，特别是长横，一波三折，似蚕头燕尾。隶书的特点前面也有介绍，其风格多样，有的秀美流畅，有的方直浑厚。

行书在魏晋已经非常成熟，出现了以"二王"（王羲之、王献之）为代表的一批大书法家。行书字体活泼，行云流水，笔画连带，抑扬顿挫。其中"书圣"王羲之的《兰亭序》，被誉为"天下第一行书"。

草书，可以分为章草（隶草）、今草（小草）、狂草（大草）三大类。唐代张旭被誉为"草圣"，他留下一些狂草经典之作。他和同时期的草书大家怀素，在书法史上并称"颠张狂素"。

最后说说最端正的楷书，唐代是楷书的巅峰时期，出现了欧阳询、柳公权、颜真卿三大楷书大家，加上元代的赵孟頫，合称"欧柳颜赵"楷书四大家。

什么是"永字八法"？

"永字八法"流传至今已逾千年，很多书法老师第一讲就先介绍"永字八法"的知识。那为什么学习书法要从"永字八法"开始呢？

关于这个问题，有两种说法。一是"书圣"王羲之的"天下第一行书"《兰亭序》的第一个字就是"永"字（"永和九年，岁在癸丑"），所以学习书法先学"永"字。二是认为"永"字笔画不多，但涵盖的笔法较多，所以学习"永"字有举一反三、事半功倍的效果，因此要先学"永"字。

其实《兰亭序》的第一个字是"永"，这与"永字八法"相关联纯属巧合。"永字八法"是以"永"字的八个笔画为例来阐述楷书笔势的方法，强调从书写"永"字入手，可以培养初学者扎实的书法基本功。

"永字八法"的"永"字有八个笔画，分别是侧（点）、勒（横）、弩（竖）、趯（tì，钩）、策（提）、掠（长撇）、啄（短撇）、磔（zhé，捺）。八法以"永"字八笔顺序为例，阐述正楷的笔势，是楷书笔法的基础。

沈尹默先生在《书法漫谈》中为我们学好"永字八法"做

永字八法

了另一个注解。他提示我们：做人要像"永"字的"点"，昂首，充满自信和朝气；做人要像"永"字的"竖"，挺胸，充满力量与美；做人要像"永"字的"撇"，飘逸潇洒，看轻一切成绩和荣誉；做人要像"永"字的"捺"，脚踏实地，做好每一天的功课。所以，我们不仅要学习书法的技法，更要学习书法的精神。

"颜筋柳骨"该怎么理解？

"颜筋柳骨"是对颜真卿和柳公权二人书法风格和特色的概括与总结。颜真卿的书法用笔肥厚粗拙，显得劲健洒脱；柳公权的书法棱角分明，以骨力遒健著称。

东方朔画赞碑（局部）　唐　颜真卿

从技法上来看，颜真卿的书法风格为肥硕阳刚、充满正气。简单来说，就是体质偏胖。但是这个胖，并不代表它没有骨力，他是将骨力蕴含其中，以骨力为根基，以血肉为表现，而连接血肉与骨力这两方面因素的，是筋。因此，颜真卿的书法，概括为筋。

相较于欧体的秀丽挺拔、柳体的精瘦干练，颜真卿的书法更加丰满肥硕，结字总体给人外紧内松之感，看起来发散，但细品起来又很紧凑，就像文学中的散文一样，形散神不散，有庄严雄浑的美。

柳公权的骨力，相对来说，就比较好理解了。颜真卿是将筋骨藏之于血肉之中的，而柳公权的书法，则是筋骨外露。所以我们看柳公权的书法，笔笔瘦硬，如钢铁一般坚硬锋利，而且笔画与笔画之间的连接处常常以"关节"作为支撑。因此，柳公权的骨，更多的是将中锋发挥到

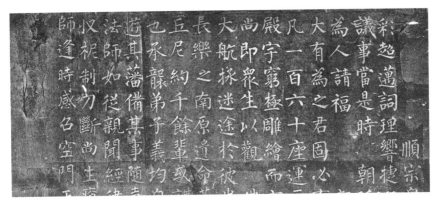

玄秘塔碑（局部） 唐 柳公权

极致，形成一种瘦劲骨感的独特之美。

魏碑是怎样一种书体？

魏碑是指南北朝时期北朝的碑刻书法作品。现存的魏碑书体大都是楷书，因此也把这个时期的楷书碑刻作品称为"魏楷"。魏碑原本也称北碑，在北朝相继的各个王朝中以北魏的立国时间最长，因而后来就用"魏碑"来指称整个北朝的碑刻书法作品。

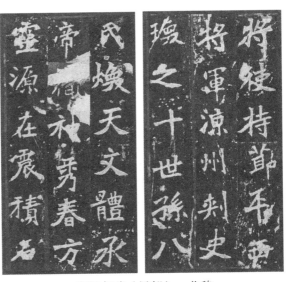

张猛龙碑（局部） 北魏

魏碑的特点是笔画强劲，中锋与侧锋兼用，方圆并施，显得刚柔相济，生动飘逸。

魏碑主要以"墓志铭""摩崖""造像记"等形式存在。魏碑对后来唐楷的形成产生了巨大影响。历代书家在创新变革中也多从其中汲取精髓。从唐朝的书法家欧阳询和褚遂良的一些作品中，可以看出北朝碑刻对他们的影响。

魏碑风格多样，有的朴拙险峻，有的舒畅流丽。极有名的有《郑文公碑》《张猛龙碑》《元怀墓志》《张玄墓志》《龙门二十品》等。康有为夸赞魏碑有"十美"，概括了魏碑书法雄强、朴拙、自然天成的艺术特点。

张玄墓志（局部）　北魏

为什么人们往往把底本称为"蓝本"？"蓝本"到底是何物？

"蓝本"一词，原是古人印刷书籍过程中的一个专用词，现在一般指编修书籍或绘画时所参照的底本，和范本有些相似之处，但又有不同。在古代，人们称雕版或活字版印刷的图书为"版本"。因版印书一般为墨印，故又称"墨本"。明清之际，技术进步，出现了红色、蓝色印本，分别称"朱印本""蓝印本"。这种"朱印本""蓝印本"并不批量印刷，而是在印刷模板做好之后，刊刻人先以红色或蓝色印出几本，用作校对之用，以改正模板中的错误，相当于现在出版过程中的"校样"。待定版之后再用墨色正式批量印刷。《书林清话》记载："其一色蓝印者，如黄记《墨子》十五卷，……此疑初印样本，取便校正，非以蓝印为通行本也。"因这些本子是一部书成版以后最初印制的，常被称为"初印红本""初印蓝本"。又因"初印蓝本"最常见，所以人们便把印刷底本简称为"蓝本"。

后来"蓝本"一词逐渐演变，不再局限于印刷领域，而是引申为一种泛泛意义上的原始参照物。现在蓝本也指草稿。比如要进行《红楼梦》的人物画创作时，一方面要了解原著人物的性格特征、服饰装扮，一方面也可以借鉴"87版"电视剧《红楼梦》中的人物形象，如服饰、发饰、妆容等。这样在进行创作时就可以有的放矢，较易入手。那么，这个电视剧里的人物形象同样也可以称为绘画创作的"蓝本"。

什么叫"墨分五色"？

在我们的印象中，墨都是黑色。但通过加水多少，则可以调节墨色的深浅层次，这就是墨色的浓淡干湿变化。在实际操作中，墨中水的多少，决定了墨色的深浅，而用笔的轻重缓急，也会造成墨色丰富的变化。所以，在中国书画里，"墨"并不是只被看成一种黑色，而是有"墨分五色"的说法。

泼墨仙人图　南宋　梁楷

"墨分五色"，是传统中国画的一个技法名称。"墨分五色"的说法不一，一般是指焦、浓、重、淡、清。焦墨是半干的墨汁，乌黑而有光泽。浓墨是深黑的墨汁，加了水分而不显光泽。重墨含水量比浓墨多，颜色比浓墨浅一些。淡墨所含水分较多，颜色更浅。清墨只有极淡的墨迹，甚至全是水。其实，从深浅浓淡的角度去对应五色，也未尝不可，比如焦如黑，浓如青，重如赤，淡如黄，清如白。传统中国画中常有留白，也会把白色计算在内，故有"六彩"的说法。所以，在一幅中国画里，即使不使用色彩，而只用单纯的水墨，画面也会产生丰富的层次变化，进而完美地表现物象。比如南宋梁楷的《泼墨仙人图》，就是只用单纯的水墨把一位醉酒之后步履蹒跚、憨态可掬的仙人的形象表现得淋漓尽致。作者没有对仙人的面相身体做细致的描绘，须眉口鼻也仅用笔轻描淡写地勾画出来，用浓淡相宜又酣畅淋漓的水墨，将人物衣服用阔笔以夸张的形式表现出来。梁楷这幅画对笔墨的表现达到了前所未有的高度，是中国写意画的代表作。

什么是"曹家样"？

"曹家样"又称"曹衣出水"，是一种佛教人物衣服褶纹的画法，具体指北齐时期的大画家曹仲达创造的一种画人物衣纹的样式。

曹仲达的故乡在西域的曹国，后来他沿着丝绸之路到了北齐，还做了官。在此之前，佛教也是沿着丝绸之路传到我国的。而曹仲达本人最擅长画的，就是佛教图像。当时，大家都照着他创作的形象来塑造佛像。美术史记载，曹仲达画人物的衣服褶纹时，多用稠密的细线，这些线条都紧贴着皮肤，人物仿佛是身披薄纱，犹如刚从水中走出的感觉，因此后人称这种画法为"曹衣出水"。很可惜的是，曹仲达的画已经湮灭在漫长的历史长河中，我们今天再难看到曹仲达的原作了。不过我们还可以通过与他同时代的佛教造像，来感受"曹衣出水"的魅力。

从南北朝到晚唐，佛教人物画领域曾出现了四个最有代表意义的画家：张僧繇、曹仲达、吴道子、周昉。他们笔下的人物，相貌精准，传神动人。尤其是他们各自创造出的衣褶画法，各具特色，成为后来画家恪守的典范。其中，吴道子的"吴家样"和曹仲达的"曹家样"更是交相辉映，成为时人争相效法的样式，对佛教人物绘画及雕塑具有重大影响。

为什么称梅兰竹菊为花中"四君子"？

古往今来，人们都把人格高尚、道德品行好的人称为"君子"。梅花、兰花、竹子和菊花，自古以来就被认为是花中"四君子"，这和它们的自然特性有关系。

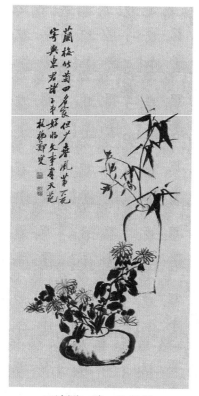

三清图 清 郑板桥

中国人一直有托物言志的传统，诗人、画家常常会以一花一木、一石一水寄托自己的思想感情。因此，这些花木水石看起来就不是简单的自然物象了，往往被赋予特殊的精神内涵，成为人格的象征。同样，我们生活中常见的梅兰竹菊也被赋予了深刻的精神内涵，成为君子的象征。

常言道，梅花香自苦寒来。梅花凌寒开放，傲霜斗雪，幽香四溢，有着不畏严寒的坚强品格，常被比喻为在艰难困苦中保持高洁情操的君子。兰花又称兰草，它的花朵一般比较小，颜色也很淡，但香气清雅幽远，像野草一样自由地生长在幽静的山谷或半阴的角落里，有种谦虚文雅、与世无争的气质，常被看作外在质朴，却腹有诗书气自华的谦谦君子。竹子是一年四季常青的植物，任凭寒来暑往，始终苍翠欲滴。它的外形挺拔、节节向上生长，并且外直中空，常被看作刚直、虚怀若谷、潇洒有节操的正直君子。至于菊花，不仅清丽淡雅、芳香袭人，还开于百花凋零的秋天，其不与群芳争艳之特点，历来被用于象征一身傲骨、恬然自处的隐逸君子。

这些植物所体现的精神，就像人世间的君子一样，文雅、谦逊、正直，用高尚的情操感染他人。历来高洁的君子也喜欢梅兰竹菊，并且拿这些植物自喻。历代有很多画家喜欢画君子题材的绘画，他们往往喜欢通过绘画中的花草虫鱼寄托自己内心的感情，而且喜欢在绘画中配上自己所作的诗词，有时候写上一些类似心情日记的感受，这些画家往往淡泊名利，品行高洁。这就形成了中国绘画上诗、书、画、印结合在一起的审美习惯，我们往往把这一类的作品称为文人画。

什么是国画？

国画是我国的一种传统绘画形式，又叫"中国画"。它指的是用毛笔蘸上墨和颜料作画，通常画在宣纸或者绢帛上。国画在古代一般被称为丹青，在世界美术领域中自成体系。与西方传统绘画追求真实的形似不同，国画更注重抒发作者的内心感情。

国画有着悠久的历史，它的内容包罗万象。最开始国画的题材大多是神、佛或者传说故事。随着绘画技巧的不断丰富和更多文人士大夫的参与，人物活动、花鸟鱼虫、自然风貌等题材也出现在画家的笔下，同

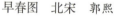

早春图　北宋　郭熙　　　　　　　听琴图　北宋　赵佶

时涌现出一大批技艺精湛、风格多样的著名画家，例如东晋的"画祖"顾恺之、唐代的"画圣"吴道子，还有大家非常熟悉的北宋画家张择端等。

　　古代的中国画常常画在绢帛、纸上，完成之后要加以装裱。按照装裱形制来分，中国画的画幅形式较为多样，横向展开的有长卷（又称手卷）、横披，纵向展开的有条幅、中堂，盈尺大小的有册页，画在扇面上面的有折扇、团扇等。如果按使用材料和表现技法分，中国画又可分为水墨、工笔、写意、勾勒、没骨等；按其题材分又有人物画、山水画、花鸟画等。

中国画十分重视笔墨，运用线条、墨色和色彩轻重，通过勾皴点染，干湿浓淡并用，来表现客观物象的形体结构、阴阳向背，并运用虚实疏密结合和"留白"等手法来取得巧妙的构图效果。中国画的空间处理也比较自由灵活，既可以用"以大观小"法，画重山叠

枇杷山鸟图　南宋　林椿（传）

嶂；也可以用"走马看山"法，画长江万里。中国画特别讲究"形神兼备""气韵生动"，主张"外师造化，中得心源"。此外，中国画多在画面上题写诗文，加盖印章，将诗文、书法、篆刻融为一体。

今天，国画也在不断的发展中走出了国门，得到世界人民的喜爱。国画这一艺术形式，也在和西方绘画交流的过程中，焕发了新的生机和活力。

什么是"青绿山水"？

"青绿山水"是中国画的一种技法，也是中国山水画的一个种类，主要以矿物颜料石青和石绿为主色，画面鲜艳绚丽。

青绿山水又有大青绿、小青绿之分。这里说的大小不是指画面大小，而是指用色的多少，或者说是色彩的鲜艳程度。小青绿山水是以墨色为

江帆楼阁图　唐　李思训

主，皴染之后，略加一些石青、石绿色提升效果。大青绿山水是用墨线勾出山水的轮廓，基本不加皴法，直接用石青、石绿、赭石等矿物颜料上色，体现出浓重富丽的色彩效果。这类作品大多非常工整细致，北宋王希孟的《千里江山图》、唐代李思训的《江帆楼阁图》等是青绿山水的代表作。

历代青绿山水大家层出不穷，像唐代的李思训和李昭道父子，宋代的赵伯驹和赵伯骕兄弟，明代的仇英。现代画家中擅长青绿山水的也不在少数，张大千、谢稚柳等都是青绿山水的高手，并在画坛享有很高的声誉。

青绿山水始创于隋代，经历代画家发展传承，至今已形成一套完整的表现方法。尽管有前贤轨迹可循，但要想画好青绿山水绝非易事。清代画家王翚认为：画青绿山水，形体要严谨，重点在渲晕。换言之，画青绿没有水墨画功底是不行的。

名家与名作

"楷书四大家"指的是哪四位书法家？

"楷书四大家"是对书法史上以楷书著称的四位书法家的合称。他们分别是指：唐欧阳询（欧体）、唐颜真卿（颜体）、唐柳公权（柳体）、元赵孟頫（赵体）。

欧阳询，以楷书名世。他的用笔方圆兼备，平正中又见险绝，其书体被称为"欧体"。代表作有《九成宫醴泉铭》《化度寺碑》《皇甫诞碑》等，都被后人视为临摹的最佳范本。他的楷书无论用笔、结体都十分严谨端庄，便于初学。后人所传"欧阳询结体三十六法"，就是从他的楷书中归纳出来的结字规律。他的行楷《千字文》体式纵长、笔力劲健，可资借鉴。

颜真卿，史称"颜鲁公"。其自幼学书，又得张旭亲授，兼学"二王"与褚遂良，融会贯通并加以发展，形成了独特的风格。他的楷书结体方正茂密，笔画横细竖粗，笔力雄强圆厚，气势庄严雄浑，书体被称为"颜体"。颜真卿将其刚直不阿的性格融入了他的书法作品中，所谓"书为心画""作字先做人"在他身上得以完美体现。其楷书代表作有《多宝塔碑》《颜勤礼碑》《颜氏家庙碑》等，行草书有《祭侄文稿》《争座位帖》《祭伯父文稿》等传世。

柳公权，人称"柳少师"。柳公权出身于书香门第、官宦之家，年幼时就聪明过人，善书法，能吟诗，有"神童"之称。柳公权书法初学王羲之，后师欧阳询、虞世南等大家，兼收并蓄，融会贯通，形成独特的风格，自成一家，其书体史称"柳体"。其代表作有《玄秘塔碑》《神策军碑》等。

赵孟頫，字子昂，号松雪道人。赵孟頫天分极高，才华横溢，学识渊博，音律、诗词、书画、鉴赏无不精通，在书画上造诣最深，对后世影响也最为深远。赵孟頫练字极其勤奋，遍临百家，对篆、隶、楷、行、草都很有研究，是一位少见的全才型书法家。他的书法取古人的精华为自己所用，但又不拘于某家某体，形成了自己的风格，书体被称为"赵体"。赵孟頫的楷书，结字严密，温润秀美，笔画珠圆玉润，结体楷中带行，潇洒飘逸。代表作有《胆巴碑》《三门记》等。

王羲之为何被称为"书圣"？

王羲之，字逸少，今山东临沂人，后移居浙江绍兴，是东晋时期著名的书法家，其官至右军将军，故世称"王右军"。古代书法名家众多，为什么单单王羲之被后世奉为"书圣"？究其原因有以下几点：

1. 王羲之的家学渊源深厚。家族中王导、王廙（yì），父亲王旷等都擅长书法，王羲之从小得到很好的熏陶。刚开始学书法就师从名家卫夫人，受到极好的书法启蒙。

2.王羲之刻苦学习，博采众长，富于创新。王羲之曾经仰慕东汉书法家张芝，学习张芝的草书，他常在池边勤奋地练习书法，练就了入木三分的矫健笔力。楷书精心研究钟繇等人作品，博采众长，自成一家，影响深远。

3.各体兼擅，技法精妙。一个书法家一般只精通一种书体，如张芝擅长草书，钟繇精通楷书，但王羲之擅长楷、隶、行、草各体，风格平和自然，笔势委婉含蓄，遒劲妍美。王羲之

丧乱贴　东晋　王羲之

传世作品有：楷书《黄庭经》《乐毅论》，草书《十七帖》，行书《姨母帖》《丧乱帖》和《快雪时晴帖》等。他的行书《兰亭序》最具代表性，被誉为"天下第一行书"。

4.社会审美造就他独特的艺术风格。东晋时期，王羲之也是"玄学"的代表人物，他平时的生活不拘礼法，有名的"东床快婿"便是很好的佐证。后来，王羲之豁达的性格反映在书法上，开创了妍美流畅的新书风。

王羲之享有"书圣"美誉，影响了一代又一代的书家。在书法史上，他与其子王献之被合称为"二王"。从唐代的虞世南、褚遂良到"楷书四大家"，再到"宋四家"，后一直到今天的书法名家，都受"二王"之影响。

王羲之之所以被称为"书圣",也跟梁武帝萧衍、唐太宗李世民的推崇与彰扬有关。但是王羲之的书法能在几千年的历史中长盛不衰,的确有着前文提到的更为深刻的内在因素。

总之,王羲之是中国最著名、成就最高的书法家之一,作为"书圣",他是中国书法史上一座极具象征性的丰碑,影响了中国千年来的书法。

为什么称《兰亭序》为"天下第一行书"?

东晋书法家王羲之,被世人推崇为"书圣",尤其擅长楷书和行草书,书法风格妍美流畅。他的代表作《兰亭序》"飘若浮云,矫若惊龙",是一篇神采飞扬的名作,被誉为"天下第一行书"。

《兰亭序》集记事、写景、抒情于一体,文笔清新疏朗,情韵绵延,感情真挚,自然朴素。记述的是东晋永和九年(353)三月三日,王羲之与当时的文人名流谢安、孙绰等人在绍兴境内的兰亭集会。面对大好春光,他们即兴赋诗,各抒情怀,事后集结成诗集,王羲之为诗集撰写的序文就是《兰亭序》。这幅作品文笔与情境相生,才华和书法并茂,儒雅自如中透出一股飘逸豪迈之气。

《兰亭序》的章法和谐自然,流畅飘逸,而且结构多变,笔法精妙、匠心独运而毫无安排的痕迹。全篇 28 行,324 字,字字"遒媚劲健,绝代所无",字形变化多端,错落有致,文中 21 个"之"字各具姿态,别开生面。尤其是章法,从头至尾,笔断意连,生动潇洒。行距疏密得当,恰到好处,字或大或小,或左或右,忽斜忽正,好像中间有一条线贯穿,流畅自然,有行云流水的动感。

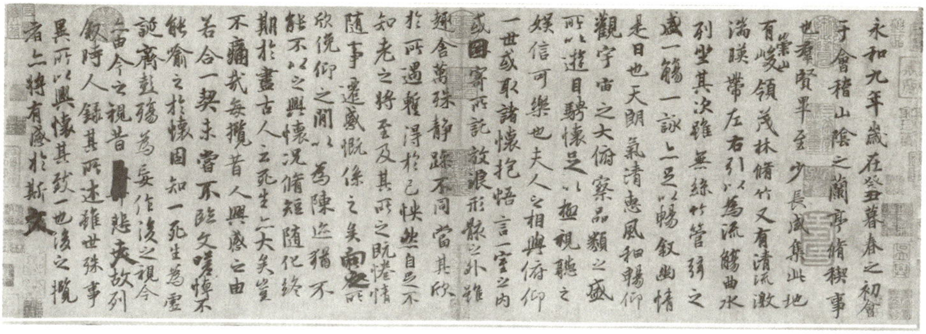

兰亭序　唐　冯承素摹本（传）

历代书法家都对王羲之的《兰亭序》赞赏有加，称其作品已达到出神入化的程度，是"天下第一行书"。据说，唐太宗李世民酷爱书法，对王羲之佩服得五体投地，对《兰亭序》的真迹更是爱不释手，在世时曾命许多书法家摹写多次，赐给太子、诸王和近臣，传言去世时将真迹带进坟墓殉葬了。我们今天虽然无法看到真迹，但是通过历代书法家的临摹本，仍能够感受到《兰亭序》的艺术魅力。

被誉为"正书之祖"的是哪位书法家？

钟繇，是三国时期杰出的书法家，今河南长葛市人，曾官至太傅，所以也被称作"钟太傅"。

钟繇把东汉以来流行的隶书加以改革，奠定了后世楷书的基础，被称为"正书之祖"。钟繇的书法博采众长，其擅长各体，楷书最优，被历代奉为楷模。钟繇对后世书法影响深远，王羲之等人都曾经潜心钻研他的书法。钟繇与东晋书法家王羲之并称为"钟王"。

据唐代张彦远《法书要录》说：蔡邕学到书法的精髓，传给女儿蔡文姬，蔡文姬传给钟繇，钟繇传给卫夫人，卫夫人传给王羲之，王羲之传给王献之。由此可见，钟繇或是蔡邕书法的第二代传人。

钟繇的书法艺术之所以取得巨大成就，并不限于一家的学问，而是集前人之大成的结果。钟繇十分注重向同时代人学习，他经常与曹操、韦诞等人讨论用笔方法问题。钟繇不仅自我要求严格，对儿子钟会也常加劝诫。钟会最后在书法方面也取得了较大成就，二人并称为"大小钟"。

钟繇的传世书法作品有《宣示表》《荐季直表》《贺捷表》等。

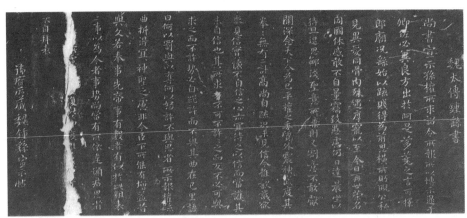

宣示表　三国　钟繇

荐季直表　三国　钟繇

"颠张狂素"指的是哪两位草书大家？

唐朝时期，多元的文化异彩纷呈，为草书这一自由奔放的书体提供了极好的环境。草书遂变得更加狂放恣肆，笔势连绵环绕，字形奇变百出，形成了中国书法中最具风格的"狂草"。狂草的极盛时期在盛唐，代表人物是张旭与怀素，后世将二位并称为"颠张狂素"。

张旭，唐中期著名的书法家。他与李白情趣相投，生活方式和精神面貌也极其相仿。同李白一样，张旭志向远大而又仕途坎坷，一生只做过几任小官。他喜欢通过书法表达情绪，呼叫狂走，然后落笔成书，故有"张颠"雅称。张旭的书法多以夸张的对比手法、连绵缠绕的动感线条，以及奇异迭出的造型而著名，被赞誉"变化无穷，若有神助"，传世作品有《古诗四帖》《肚痛帖》等。

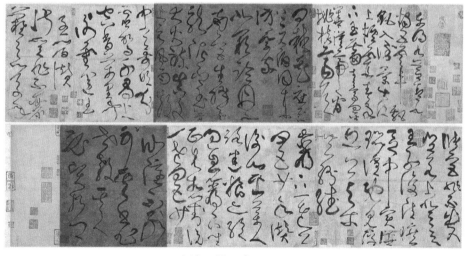

古诗四帖　唐　张旭

怀素，字藏真，唐朝僧人，著名书法家。他的草书流畅潇洒，受到了后人的推崇，有"狂素"的雅称。

怀素是一位敢于创新的书法家，他的草书比前人更加狂放。从怀素的书法中可以看出其无论是运笔还是结字都有着自己的创新，其点画之间气势连贯，用笔狂放，给人一种独特的视觉冲击力。怀素把草书线条的流畅之美和笔意的变化之美推向了一个高峰，传世作品有《自叙帖》《苦笋帖》《食鱼帖》等。

自叙帖（局部）　唐　怀素

宋徽宗的"瘦金体"有什么精妙之处？

要问历史上最有艺术才华的皇帝是谁，我想绝大多数人都会说是宋徽宗。宋徽宗是宋朝的第八位皇帝，本名赵佶。他虽然在政治上昏庸无能，却有不凡的艺术造诣。因他极具艺术才华，故享有"千古画帝"的美誉。

"瘦金体"是宋徽宗赵佶所创的一种楷书字体，跟晋楷、唐楷等传统书体形式区别较大，个性极为强烈，堪称书法史上的一个独创。

宋徽宗书法与他的工笔花鸟画的用笔方法相一致，多用长锋硬毫，类似于今时画画所用的勾线笔。其书法转折处顿笔较多，笔道由细转粗形成强烈的对比，视觉冲击力和感染力很强，有强烈的个性色彩。"瘦金体"字体瘦劲挺拔，撇捺向四面伸展，字形有瘦劲奇崛的精妙。这种境界，来自他超凡的天资与见识以及后天的努力。

宋徽宗还建立了翰林书画院，繁荣创作，为宫廷服务，培养了王希孟、张择端、李唐、米芾等一批杰出的书画人才。宋徽宗传世代表作有：《楷书千字文卷》《秾芳诗帖》《夏日诗帖》等。

腊梅山禽图　北宋　赵佶

秾芳诗帖（局部）　北宋　赵佶

怎么看待颜真卿？

颜真卿，字清臣，是唐代的书法家，他的书法被后人称为"颜体"，与柳公权的书法并称为"颜筋柳骨"。颜真卿的书法主要师从张旭，远溯王羲之，又吸收了唐初、南北朝的营养，融会贯通后，有了自己的风格。颜真卿的书法雄厚挺拔、丰腴雄伟，字体宽厚、气势恢宏，一笔一画就像人的筋骨般遒劲有力、凛然大气，有盛唐的气象，是时代、人格和字体完美结合的典范。

颜真卿早期的书法作品个人风格尚未形成，呈现出清丽俊秀的特点，如《多宝塔碑》；后期作品较为成熟，个人风格已经形成，代表作为《麻姑仙坛记》；到晚年，书法已有自己独特的灵性，境界已达最高，代表作为《颜勤礼碑》。

颜真卿行草书的代表作有《祭侄文稿》，是墨迹珍品。此帖本是稿本，原不是作为书法作品来写的，但正因为无意创作，而流露出真实的感情，反成为颜真卿不可多得的佳作。此帖神采飞动，姿态横出，笔势雄伟，超凡入圣，被誉为"天下第二行书"，现藏于台北故宫博物院。

祭侄文稿　唐　颜真卿

颜真卿是继王羲之之后书法界又一里程碑式的人物，其书法多以碑刻的形式流传至今。颜真卿历经四朝，目睹了唐朝由盛世到乱世的转变，其书法作品也渐渐变得从容豪迈，他对艺术的领悟逐步到了成熟境界。颜真卿本人精忠爱国，他的书法作品就像他的人一样以刚毅凛然面貌示人。颜真卿的书法将人格与艺术融为一体，这是一般书法作品达不到的高度，对后世书法及文化的发展产生了深远的影响。

书法艺术领域里，"初唐四大家"都有谁？

初唐四大书法家是指欧阳询、虞世南、褚遂良和薛稷，他们代表了唐代初期的书法艺术成就，书法风格大都清秀瘦劲，飘逸洒脱。

欧阳询，唐朝著名书法家。书法初学"二王"，后遍学秦汉篆隶、魏碑，各体兼擅，尤精楷书。他的楷书法度森严，于平正中见险绝，其书体世称"欧体"。初唐四大家中，欧阳询的楷书最为突出，贡献也最大，并与后来的颜真卿、柳公权、赵孟頫并称"楷书四大家"，他的《九成宫醴泉铭》历来被学书者奉为楷模。流传下来的书法作品较多，楷书有《九成宫醴泉铭》《皇甫诞碑》《化度寺碑》《虞恭公碑》，行书有《张翰帖》《卜商帖》等。

虞世南，隋唐时期书法家、文学家、诗人、政治家，凌烟阁二十四功臣之一。唐太宗称其德行、忠直、博学、文辞、书翰为五绝。其书法刚柔并重，骨力遒劲。传世楷书有《孔子庙堂碑》《破邪论序》，行书有《汝南公主墓志铭》《摹兰亭序》等。

褚遂良，唐朝政治家、书法家。书法学欧阳询、智永、"二王"，体势方圆兼备、婉美华丽。他精于鉴定"二王"真迹，是当时书法鉴定的权威。褚遂良的字在唐代是一面旗帜，其字整体看上去非常飘逸洒脱，有一种轻盈婀

雁塔圣教序（局部） 唐 褚遂良

娜的感觉。书法作品有《伊阙佛龛碑》《孟法师碑》《雁塔圣教序》《大字阴符经》等。

薛稷，唐朝大臣、书画家。他的书法学虞世南、褚遂良，是褚遂良的得意门生，当时有"买褚得薛，不失其节"的说法。书法作品有《信行禅师碑》传世。此外，他还擅长绘画，对于人物、佛像、树石、花鸟都十分精通，画鹤尤其精彩，能准确生动地表现出鹤的形貌神情。

信行禅师碑（局部） 唐 薛稷

书法艺术领域里、"北宋四大家"都有谁?

"北宋四大家"是指苏轼、黄庭坚、米芾和蔡襄,简称为"苏黄米蔡",他们代表了宋代书法的最高成就。

"宋四家"中,我们最熟悉的是苏轼,很多人都喜欢苏轼的文章和诗词,却不知他的书法和绘画成就也很大,为"宋四家"之首。他才华横溢,成名非常早,然因为写诗得罪了朝廷被贬了官,流放到黄州。但苏轼并没有一蹶不振,而是在艰难困苦的环境下带领家人开荒耕田,把自己看成耕种在东坡(黄州城东的荒地)上的老农,自号"东坡居士",即使布衣粗食也不悲伤。他乐观旷达,通过书画宣泄情绪,通过诗词表达对人生的感悟。甚至还研究服装和美食,有一道特别好吃的菜叫"东坡肉",据说就是苏轼发明的新菜。其诗词豪迈轩昂,属于豪放派。其书法虽看似平实、朴素,但有一股浩然之气,作品以《黄州寒食帖》最著名,通篇气势奔放,光彩照人,被誉为"天下第三行书"。苏轼是一位全才型大家,他与父亲苏洵、弟弟苏辙并称"三苏",并均为"唐宋八大家"之一。他文学艺术上的成就、正直乐观的精神影响了后世很多人。

黄州寒食帖 北宋 苏轼

黄庭坚是苏轼的学生，与苏轼齐名，并称"苏黄"。黄庭坚的书法造诣也很高，他特别擅长行书、草书，黄庭坚的字取势险侧，风格独具。其一生创作了很多的行书作品，其中最负盛名的是《松风阁诗帖》。

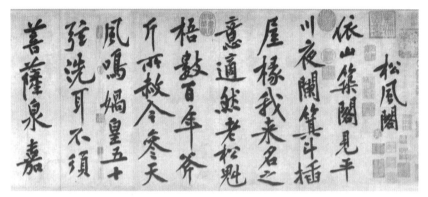

松风阁诗帖（局部） 北宋 黄庭坚

米芾是一位个性怪异、举止癫狂的艺术家，人称"米颠"。米芾的书法成就以行书为最高，他的书法艺术风格和谐又多变化，天真自然，有天马行空的感觉。他的代表作有《蜀素帖》《苕溪诗》等。米芾还特别喜欢

蜀素帖（局部） 北宋 米芾

画画，他作画时用毛笔的方法像写字一样，喜欢用墨点去画，他画的山水画十分有特色，被称为"米氏云山"。

最后，我们来了解四大家里的蔡襄。蔡襄为官清正，政绩突出，人品十分端正，书法艺

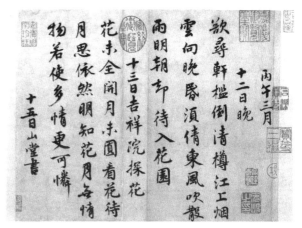

纡问山堂帖　北宋　蔡襄

术成就也很高。他的书法像他的为人一样端正，其他三位都擅长行草，而蔡襄不但擅长行草，楷书也十分出色。他恪守前人的规矩，用笔温文尔雅，字形端庄婉美，传世碑刻有《万安桥记》，书迹有《纡问山堂帖》等。

顾恺之有哪"三绝"？

顾恺之是东晋时期的著名画家。他出身于贵族家庭，从小就读书作诗，接受的是士族教育，这样的成长环境让他有条件去接触、学习绘画艺术。顾恺之生平有"三绝"："画绝""才绝""痴绝"。

顾恺之特别擅长绘画，"画绝"其实不必赘言。因为画得特别神妙，当时的名人谢安、桓温都非常器重他，认为自古以来还没有人像他这样。那么顾恺之绘画水平高超，到底到了什么程度呢？传说在他年轻的时候，有一次他在一个叫瓦棺寺的庙里画壁画，吸引了很多人来参观。为了看

女史箴图（局部） 东晋 顾恺之

顾恺之的画，很多人不惜捐钱给庙里。当然，顾恺之的绘画精妙无比，绝对当得起世人对他的赞誉。有一次，顾恺之给裴楷画像，特意在裴楷的脸颊上多画了三根胡子。有人问顾恺之原因，顾恺之说：裴楷俊逸爽朗，很有才识，这三根毫毛是表现他的才识的。看画的人寻味起画来，确实觉得增加了三根胡子的裴楷更有气韵。从流传下来的他的名作《洛神赋图》《女史箴图》《列女传图卷》等就能看出来，这位绘画大家不同凡响。可惜顾恺之流传下来的作品，多存放在大英博物馆，令人惋惜。

"才绝"，是说顾恺之十分有才华，诗词、绘画、书法，样样精通。他的文章写得特别好，在绘画理论方面，顾恺之也提出了"传神写照""以形写神""迁想妙得"等观点，就是说要重视观察，通过绘画表现人物的精神。

"痴绝"，说的是顾恺之很幽默，有智慧，但不是真的犯傻。《世说新语》记载说，顾恺之吃甘蔗一反常态，别人从最甜的地方吃起，不甜了就扔掉，而顾恺之吃甘蔗从末梢吃起，越吃越甜，渐入佳境。顾恺之"倒吃甘蔗节节甜"蕴含了深厚的生活哲理，不能不说是人生的大智慧。

顾恺之多才多艺，这既是他自身的天赋所致，也是他坚持努力的结果，这也告诉我们，只要坚持发展自己的长处，不断开发自己的潜能，就能有所成就。

曹植与《洛神赋图》有什么传奇故事？

说起曹植，你第一时间会想到什么呢？是七步作成的"煮豆燃豆萁，豆在釜中泣。本是同根生，相煎何太急"诗句，还是描绘与洛神宓妃凄美爱情的《洛神赋》呢？

在《洛神赋》中，曹植用浪漫主义的手法，描写了一个人神相恋，但最终因为人神相隔而被迫含恨分离的故事。这篇文章文辞优美，情调幽怨婉转，后来的很多艺术家都在此基础上进行诗歌、戏曲、音乐和绘画的再创作。顾恺之的《洛神赋图》就是其中的代表作之一。

顾恺之在偶然读到这篇赋之后，有感而发画出了《洛神赋图》。《洛神赋图》也是顾恺之的代表作品。《洛神赋图》真迹已经失传，现在能看到的有四个不同的摹本，都是宋人根据原画临摹的。

慢慢展开这幅画，第一段描绘曹植在洛水边与洛水女神相逢的情景。曹植和他的侍从站在洛水岸边，远处洛水上的女神正回首顾盼。第二段描绘了人神殊途，不得不含恨别离时的情景，这是故事的高潮。接着女神坐着六匹神兽拉着的车子准备离去，四周彩云飞卷，彩旗飘扬。岸边，曹植在众随从的扶持下，目送着洛神渐渐远去，眼神中倾诉着无尽的悲伤与无奈。洛神不停地回头望着岸上的曹植，眼神中似有不舍与依恋。最后是曹植乘坐华美的大船，在洛水上寻找洛神。

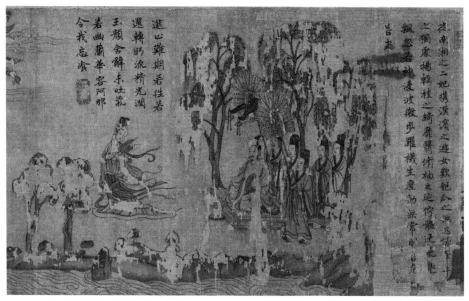

洛神赋图（局部）　东晋　顾恺之

顾恺之的人物画线条优美流畅，宛若"春蚕吐丝"一般，所绘人物秀骨清像，非常传神。顾恺之以文学名著为依据，用绘画生动地再现了洛神的形象。正如美学家蒋勋所说："顾恺之启发我们，当我们阅读一首诗或者一篇文学作品之后，也可以把文字中的感受用绘画表达出来。"

我国现存最早的山水画卷是哪一幅？

隋代画家展子虔的《游春图》，是中国现存最早的山水画卷。

《游春图》是一幅以描绘自然景色为主的青绿山水画卷，表现了人们春天出游的情景。画家用细腻的笔法画出了青山叠翠、草木葱茏、波光粼粼的春光美景。湖面上，一艘游船随波荡漾，船中三位游春的女子正在张望，仿佛陶醉在湖光山色之中，流连忘返。湖边的游人或骑马，或漫步，或袖手立于岸边，兴致盎然。画家通过对这些自然景色和人物活动的生动描绘，成功地表现了游春这一主题。

整幅画用勾线填色法来描绘，没有使用皴法，树木直接用粉点染，体现出画家朴拙而真切的自然描绘能力。画面是俯视的构图，游乐在山川中的人物以及画面所呈现出来的春天气息，表现了"画外有情"的艺术境界，给后世以深远的影响，同时开创了青绿山水的新局面。

游春图　隋　展子虔

这件名作自宋代以后一直藏在皇宫，清朝宣统皇帝溥仪退位后，被其携至长春，后又辗转流落到北京琉璃厂古董商手里，最后由著名收藏家张伯驹以二百两黄金从古董商手中购得，中华人民共和国成立后，张伯驹将其捐给故宫博物院。这幅名作在外漂泊了近30年后终于重回故宫博物院，我们现在才能重睹这件稀世珍宝的风采。近些年有学者对于这幅作品的作者和时代提出了不同的看法，引起了讨论。

《历代帝王图》描绘了哪些皇帝？

唐代是人物画的鼎盛时期，出现了阎立本、吴道子、张萱、周昉等具有开创性的艺术家。但由于年代久远，保存技术有限，这一时期流传下来的人物画作品并不是很多，阎立本的《历代帝王图》是留存下来的享誉中外的珍宝之一。

《历代帝王图》是一幅历史人物肖像画长卷，现在流传下来的为后世临本。画的是十三个帝王像，有西汉昭帝刘弗陵，东汉光武帝刘秀，三国时期魏文帝曹丕，蜀主刘备和吴主孙权，晋武帝司马炎，北周武帝宇文邕，隋文帝杨坚，隋炀帝杨广，陈文帝陈蒨，陈宣帝陈顼等。

画家阎立本在画法上既注重刻画封建帝王的共性，又注意凸显其不同的个性。画卷中的帝王大都身材魁伟，衣袖宽大。旁边的侍从比例很小，形象也大同小异，显得很卑微。在技巧上，画家抓住嘴部表情、胡须的形态，以及眼睛的特征来重点刻画。嘴巴的用力和放松，胡须的软硬和疏密，眼睛的尖圆和大小都刻画得栩栩如生，尤其是通过仰视、平视、俯视的目光刻画，凸显人物咄咄逼人的精悍神气或庸碌软弱的无神状态。另外，画家还通过不同服饰器物及不同的坐、站动作来衬托人物不同的性格。此图画面色彩简练概括，以朱红、黑、白三色对比搭配。

对于开国帝王，画家都把他们画得气概庄严，显得威武英明；亡国的君主，则把他们画得浮夸平庸、软弱无力。阎立本力图通过他们不同

历代帝王图（局部）　唐　阎立本

的精神状貌，来揭示他们的内心世界、性格特征和政治作为，带有明显
的褒贬含义，体现了画家对历史人物的认识和评价。

吴道子为什么被尊称为"画圣"？

在中国古代艺术史上，东晋的王羲之被称为"书圣"，唐代的杜甫被称为"诗圣"，还有一位被誉为"画圣"，他就是唐代的吴道子。吴道子生活在盛唐时期，是河南禹州人。他很小的时候就失去了双亲，生活极为贫困。为了生计，吴道子向民间画工和雕匠学习，专门替寺庙画壁画。由于他刻苦好学，才华出众，在长安、洛阳画的壁画就达三百多幅，有"穷丹青之妙"的美誉。唐玄宗听说了，特地把他召到宫中，从此，吴道子由寺院的民间画师，变成了宫廷的御用画家。

吴道子是民间画家出身，所以技法表现比较自由，不像宫廷画家那么小心谨慎。他给寺庙画的都是有教育意义的宗教画，画中人物用线条勾勒，非常生动有力。在用笔技法上，他创造了一种波折起伏、错落有致的"莼菜条"式的描法（也叫兰叶描），突出了人体曲线和线条的结合，所画人物衣袖、飘带，具有迎风起舞的动势，营造出一种"天衣飞扬、满壁风动"的效果，所以人们称吴道子的线条是"吴带当风"。

"吴带当风"的画风独步唐代画坛。流传下来的吴道子《送子天王图》，尽管是摹本，但我们仍然可以从画面上看到这种线条迎风飘举、超逸洒脱的感觉。在敦煌壁画中，我们也能看到吴道子风格的作品，敦煌第103窟中的《维摩诘像》据说也是吴道子的杰作。作品几乎全用白描线条，一层层的衣纹，全用流畅的线条完成。

吴道子是盛唐书画界的一个奇才，人物、宗教、花鸟、山水，无不精通。传说有一次，皇帝得知四川嘉陵江山水很美，就派吴道子和李思训去写生。回来之后唐玄宗想看看他的画稿。吴道子说没有画稿，他都记在心里了。皇帝很不解，就命他在大殿上当场作画。结果吴道子只用一天时间就把嘉陵江三百里的风光画了出来。唐玄宗把他在大殿上当场画的画和李思训用了好几个月画出的作品放在一起比较，感慨地说："李思训数月之功，吴道玄一日之迹，皆极其妙。"由此可见吴道子的确画技高超、笔法娴熟。

吴道子因为过人的才华，千余年来都被奉为"画圣"，民间画工也尊称他为"祖师"。

你知道张萱与《虢国夫人游春图》吗？

张萱，唐玄宗时期的宫廷画家。他的人物画多半是描绘宫廷妇女的闲暇娱乐生活，同时也画了不少表现唐玄宗和杨贵妃生活的作品。

《虢国夫人游春图》描绘的是唐玄宗时的外戚虢国夫人同秦国夫人带着小孩、乳母以及侍从女官骑马出游的场景。画卷上的人物都骑马，从左向右缓缓行进。侍从在左右两边，虢国夫人和秦国夫人在中间，构图前疏后密，整齐中又富于变化。

画前边三个人仿佛是向导，间隔比较大。后面六个人一组，两个侍从模样的人，簇拥着三个贵妇人和一个幼女。唐朝的宫廷仕女都比较丰满，头上梳着高高的发髻，衣着鲜艳而华丽。画幅中间并行的两个贵妇脸庞丰润，梳着当时流行的发髻。其衣饰华美，款式都有披帛，只不过衣裙的颜色不同而已，一人目视前方体态自若，另一人转头过来，似乎要诉说什么。在两人身后还有三骑，中间的是骑浅黄色三花马的女性，

虢国夫人游春图　唐　张萱

她右手护着鞍前的幼女，表情矜持，眉宇间透露出小心谨慎的神情。小女孩左手把鞍，态度十分安详。

全画情节单纯，不设背景，形象刻画细致严谨，色彩搭配和谐统一，作品竭力表现贵妇们游春时悠闲而懒散的欢悦气氛，以华丽的装饰、骏马的轻快步伐衬托出游春的闲适。整幅作品充分反映了杨氏姐妹当时的豪华气派和显赫声势。

《虢国夫人游春图》的价值，不仅在于它的高超技巧，还在于它对真实历史人物和真实风俗图景的生动描绘，更在于它从特定角度显示了一个时代的风貌，成功表现了雍容、自信、乐观的盛唐精神。

黄筌与《写生珍禽图》之间有什么故事？

五代以后，中国画出现了题材上的分野，有人将目光投向了大自然，开始画高大雄伟的山水，同时也有画家去画非常细致的花鸟草虫。五代时期，西蜀著名的画家黄筌以画花鸟画最负盛名。

　　黄筌流传下来的名作《写生珍禽图》就是一张花鸟写生稿，画家用细密的线条和浓丽的色彩，描绘了大自然的众多生灵。画中有麻雀、知了、鹡鸰、蚱蜢、蝉、乌龟、蜜蜂、天牛等二十四只禽鸟和昆虫。

　　《写生珍禽图》的每一种动物神态都画得活灵活现，富有情趣，耐人寻味。其中两只麻雀，一老一小，相对站立，雏雀扑扇着翅膀，张着小嘴，一副嗷嗷待哺的神情，像撒娇一样惹人怜爱。老麻雀则低头看着，好像无食可喂的无可奈何的模样，又像妈妈宠溺地看着宝宝在淘气。画中有的鸟儿像在展翅飞翔，有的像在低头觅食，姿态各不相同。画中昆虫那么多细节，我们平时可能都不曾注意，黄筌却非常认真地观察、记录、描绘。这幅写生画稿，看起来像是生物学家的研究报告，透露出一种严谨的科学精神。

　　画幅左下方写有"付子居宝习"五字，原来这幅画是黄筌给儿子黄居宝学习画画用的范本。有黄筌如此悉心的教导，黄居寀、黄居宝后来

写生珍禽图　五代　黄筌

也成为北宋大名鼎鼎的花鸟画家，先后供职于宫廷画院。

一千多年前的五代时期，为了让儿子学习画画，或者为了让儿子认识大自然的奇妙，宫廷画师黄筌精致入微地在素绢之上画下了这些花鸟草虫，供儿子黄居宝识别、临摹。一千多年后的今天，当我们面对这幅画的时候，仿佛看到一双大手握着孩子的小手，安静地教他画画。从这幅画中，我们读出了黄筌躬亲教子的慈爱和严谨治学的态度，感受到了家族师传、子承父业的工匠精神。

《清明上河图》描绘的是北宋哪个地方的风光?

《清明上河图》是北宋画家张择端的代表作品，是历史上描绘城市居民生活最著名的一幅画作。

《清明上河图》描绘的是清明时节北宋都城汴京（今河南开封）的风光，再现了城门内外和汴河两岸的繁华热闹景象，是一幅具有重要历史价值的风俗长卷。画中人物、建筑、交通工具、树木、河流、道路的处理都非常巧妙，具有极高的历史和艺术价值。

这幅画纵 24.8 厘米，横 528 厘米。画卷从市郊景色开始，一些春天刚刚抽出新芽的老树，围绕着村落茅屋，道路曲折，土地平缓，其间有人马往来赶路。

画幅中段以虹桥为中心，描绘汴河和两岸风光。画幅中间那座规模宏大、形状如飞虹的木结构桥梁就是"虹桥"。这里是水陆交通的交汇处，也是画面最热闹的一部分。桥上挤满了行人和围观的群众，桥的两边有摊贩，有挑担的叫卖者，有驮着大袋货物的驴马。在桥上，抬轿的

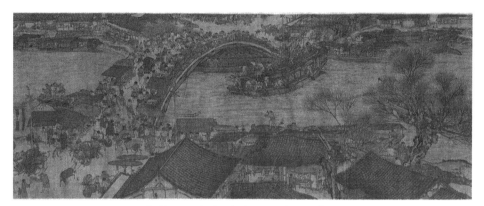

清明上河图（局部）　北宋　张择端

人和迎面骑马过来的人狭路相逢，互不相让，他们的家仆也仿佛仗着主人势力呵斥对方，想要对方来让路。桥下一艘巨大的漕船正在放倒桅杆想穿过桥孔，从桥下通过。艄公们有的指挥，有的放缆绳，有的奋力划桨，他们紧张的工作吸引了许多人围观。

画幅后段描写的是高大城门内外的街道，城内有许多高大楼房和商店。街上行人摩肩接踵，车马轿驼络绎不绝。行人身份不同，衣冠各异，同在街上，但忙闲不一，苦乐不均。

张择端用传统的手卷形式，采取移步换景的方法组织画面，再现了北宋汴京城的繁荣景象。画中所描绘的景物，大至寂静的原野、浩瀚的河流、高耸的城郭，小到舟车里的人物、摊贩的货物、招牌上的文字，都可以分辨出来。作者在多达五百余人的画面中，穿插着各种情节，组织得有条不紊，同时又各具情趣。

即使在今天，如果要把我们居住的城市，一点不遗漏地画出来，可能都是一件非常困难的事情，但900多年前的张择端已经做到了。正因为如此，每一个人看到张择端这卷《清明上河图》，都会肃然起敬——叹服于张择端高超的绘画技巧和超乎寻常的毅力。

以一幅画而名垂千古的天才少年是谁？

你知道传世名画《千里江山图》吗？相传它出自北宋宫廷画院天才画家王希孟之手。年方 18 岁时，王希孟仅用不到半年的时间就创作了横1191.5 厘米、纵 51.5 厘米的青绿山水画巨制《千里江山图》，此图献给宋徽宗后不久，王希孟就去世了。这也是王希孟留存在世的唯一一幅作品，此外再没有关于他的记述。他可以称得上我国绘画史上以一张画而名垂千古的天才少年。

北宋时期，宋徽宗为了培养绘画人才，创办了皇家绘画学校"画学"。王希孟天资聪慧，十多岁就进入宫中在"画学"为徒。他突出的才华赢得了宋徽宗的赏识，宋徽宗亲自教授他书画技艺。在宋徽宗的指点下，王希孟的画艺精进，尤其擅画山水。王希孟创作的《千里江山图》献给宋徽宗后，徽宗又赏赐给了宠臣蔡京。

千里江山图（局部）　北宋　王希孟

《千里江山图》是青绿山水画发展的里程碑式的作品。打开卷轴，前面的高山直入云霄，后面的丘陵连绵起伏，大自然的鬼斧神工在画家笔下应运而生。画中的景物有烟波浩渺的江河，有层峦起伏的群山，也有渔村茅舍、水磨长桥的静景穿插，更有捕鱼、驶船的动景点缀，动静结合恰到好处，构成了一幅秀丽江山图。人物在画中虽然小得像蚂蚁一般，但刻画精细入微，神情动作都栩栩如生。飞鸟用笔轻轻一点，仿佛就能展翅翱翔。

画卷构图统一中有变化，各部分都画了绵延的山体，有的用长桥相连，有的用流水贯通，作者灵活地将不同角度的山水统整在一起，达到景随步移的艺术效果。作品以青绿为主色调，呈现灿烂而不失典雅的格调，虽然历经千年，颜色仍然如宝石一样光彩照人。

《千里江山图》是对当时自然风光、人文地理、户外生活的综合描绘，堪称中国青绿山水画中具有突出艺术成就的代表作。

现存最早的纸本中国画是哪幅作品？

《五牛图》是唐代画家韩滉唯一的传世真迹，也是现存最早的纸本中国画。

《五牛图》是画在黄麻纸上的一幅画，画中的五头牛从左至右一字排开。别看这幅画构图简单，其实非常考验画家的绘画功力。我们来细看五头牛，其姿态各异。左边第一头是大黄牛，它身躯庞大，眼睛仿佛看着画外，眼神里透着憨厚与倔强。牛角直冲向前方，仿佛在随时防御侵犯。仔细一看，它鼻子上挂着牛环和红色缰绳，是这五头牛里唯一一头

五牛图　唐　韩滉

戴着缰绳的。第二头浅黄色的牛很有趣味。它停下脚步，很活泼地回头张望，还做出吐舌头的表情，像是在和我们打招呼。第三头是正面的牛，它正缓步向前，径直向观者走来。正面的角度最难画，画家把牛尾部画得比较高，让我们可以感觉到牛身的长度。第四头牛颜色很有特点，身上有黑白斑，正仰着头、甩着尾巴向前走。最后一头牛看起来很温顺，紧靠着一丛荆棘，不知道是在吃草还是在蹭痒痒。韩滉画牛喜欢用粗放的线条，这种粗重的线条给人一种缓慢的感觉。画家的细部刻画也非常精彩，牛头部与口鼻处的细毛根根分明，都能看见。

《五牛图》是中国十大传世名画之一，也是唐代少数几件传世真迹之一，历代都是收藏的热点。北宋时，它曾被收入内府，经宋徽宗题词签字。元灭宋后，大书画家赵孟頫得到了这幅名画，如获至宝，留下了"神气磊落，希世名笔"的题跋。清代又被乾隆皇帝收入宫中，喜爱非常，多次命大臣在卷后题跋，并多次在上面盖上自己的印章，还题诗一首。如果有机会目睹，你可以试着数一下，《五牛图》上乾隆盖了多少印章。

你知道韩幹画马的故事与名画《照夜白》吗？

历史上有很多画马的名家，唐代有韩幹、韦偃，宋代有李公麟，元代则有赵孟頫。

古人为何钟情于画马呢？这是因为在古时，马不但要做日常交通工具，还要经常随主人上战场打仗，拥有一匹马，可比现在拥有一辆车还要厉害。唐代和汉代一样都是开疆拓土的时代，征战和交通对马都有重要需求。在书画、雕塑作品中，我们可看到丰富的马的形象：唐三彩中可以看到马的形象；在唐太宗李世民的陵墓前可以看到他生前最爱的宝马被做成雕塑保存了下来，就是"昭陵六骏"；在《虢国夫人游春图》中还可以看到宫人贵妇们骑马游玩等。

韩幹是唐代画马最著名的画家。相传他为了画好马，经常到马厩里细心观察马的习性，找出马的性格特征以及

牧马图　唐　韩幹

动作规律，并把各种各样的马记录下来。时间久了，马的各种体貌以及千变万化的动态就熟记于心，在作画的时候自然而然就将马的情态再现在纸上。人们都称赞韩幹笔下的马是能跑的马，活泼而有勃勃生气。

照夜白　唐　韩幹

韩幹的名作《照夜白》，画的是唐玄宗最喜欢的一匹骏马，它矫健善跑，通体雪白，夜晚跑起来像能照亮夜空的月亮，因此起了响亮的名字"照夜白"。画中的这匹马被拴在一根柱子上，正在仰头嘶鸣，眼中流露出不安的神情，它的四蹄都在踢跳，似乎想要昂首驰骋。看得出，这是一匹性格刚烈的骏马，不愿意被缰绳约束。马的躁动与柱子的稳固安静形成了对比，使画面充满了张力。

与以往所有画马的方法不同，韩幹用劲健的线条勾勒出马的身体，然后稍加渲染，将"照夜白"强健的胸肌和四肢展现出来。特别是马的胸部，我们仿佛能看到一块块鼓起的肌肉。这是一匹丰健肥硕、雍容华贵的马，唐代以丰满为美的风尚由此可见一斑。此画一出，韩幹画马名扬天下。

你了解花鸟画大家崔白的《寒雀图》吗？

北宋的画院画家崔白，是一位特别重视写生的画家。他画花鸟画非常出色，还画过不少的壁画。他写生时，一般先用线条勾勒，再用浅色去染，如此画出来的画面颜色淡雅，野逸有趣，与当时画院中流行的黄筌父子的浓艳细密的画风明显不同。传世作品有《寒雀图》《双喜图》等。

寒雀图　北宋　崔白

这幅《寒雀图》描绘的是寒冷的冬天，一群麻雀在干枯的树枝上安栖的景象。画面上共有九只麻雀，作者通过构图把雀群分成了三部分。最左侧的三只麻雀是静态的，蜷缩着脑袋，已经昏昏欲睡，有两只还依偎在一起，好像相互取暖。最右侧两只麻雀处于动态，一只展翅向下俯冲，一只淘气地在玩"倒挂金钟"，好像忘记了冬天的寒冷。而中间的四只麻雀，其中一只被倒挂的麻雀吸引向右伸着脖子，其他三只麻雀刚刚好呈三角形排列，使画面非常稳定。作者处理画面极为巧妙，有动有静，各有呼应，浑然一体。

画面中的麻雀非常写实，动态神情无一雷同，一定是作者经过长期观察和写生的结果。干枯的树干在鸟雀的衬托下，显得格外萧瑟。此外，在树干左下方可以看到"崔白"两字的落款。画中间有乾隆的题诗和一些鉴赏印章。

《寒雀图》在形式、风格上充满自然生动的趣味，反映了北宋花鸟画在审美上进入了新的阶段。这种写实的功力，以及对于自然界的精细入微的观察，使宋代的花鸟画成为中国绘画的瑰宝。

双喜图　北宋　崔白

你了解王冕是爱梅而又擅画梅的画家吗？

相信大家都记得这样一首诗："我家洗砚池头树，朵朵花开淡墨痕。不要人夸好颜色，只留清气满乾坤。"没错，这就是我国古代著名诗人王冕脍炙人口的《墨梅》。诗情画意是古人的追求，王冕还是一位画梅花的名家。

王冕，元朝著名画家、诗人、篆刻家。他出身贫寒，幼年替人放牛，靠自学成才。王冕成名后最爱画的就是梅花，画得最多的也是梅花。尤其擅长画的是墨梅，他不但继承了前人传统画法，并且独辟蹊径，画出的梅花简练洒脱、别具一格。他的梅花图备受欢迎，前来求画者众多。但是王冕性格孤傲，鄙视权贵，写诗表达同情人民苦难、谴责豪门权贵、轻视功名利禄的感情。在当时蒙古人的统治下，他不满当时的朝廷，并把这种思想鲜明地流露出来。一天，他画了一幅梅花，贴在墙壁上，并题诗："冰花个个

梅花图　元　王冕

圆如玉，羌笛吹它不下来。"表达自己不愿给外族统治者作画的志向，对权贵予以无情的讽刺。

　　王冕一生爱好梅花，种梅、咏梅，又工画梅。所画梅花花密枝繁，生意盎然，劲健有力，对后世影响较大。存世画迹有《南枝春早图》《墨梅图》《三君子图》等。后人以"神、韵、透、逸"四字来概括和评价王冕的"墨梅"风格。他的《墨梅图》将梅花盛放盈枝的姿态生动地刻画

墨梅图　元　王冕

出来，再加上他那首脍炙人口的七言题画诗，以物寄情、托物言志，使得这幅画作成为不朽的传世佳作。

个性潇洒的唐寅有什么艺术成就？又有哪些名作传世？

唐寅就是唐伯虎，江苏苏州人，祖籍晋昌（今山西晋城），明代著名画家、书法家、诗人。

孟蜀宫妓图　明　唐寅

唐寅天资聪明，因为祖上从没出过读书人，全家人都指望他读书做官，于是他整个童年都泡在书堆里。出众的才华使他少年夺魁，成为应天府的解元，但后来进京赶考受到科举舞弊案的牵连，导致后半生非常落魄，以卖书画为生。

经历过仕途的种种挫折，心灰意冷的唐伯虎到郊外建了一座桃花坞，自号"桃花庵主"。他曾经作《桃花庵歌》，诗中写道："别人笑我太疯癫，我笑他人看不穿；不见五陵豪杰墓，无花无酒锄作田。"他的一生充满了传奇，自诩"江南第一风流才子"，常常流连于酒楼歌肆，不在意别人的批评。看到这里，你可不要以为唐寅是个消极落寞，只会喝酒行乐的人，事实上他在书画上非常用功，不仅学习宋元名家的作品，而且还有自己的创新。正是凭着自己杰出的才能，唐伯虎在艺术之路上取得了空前的成功，四方名士都来求他的书画。他在山水和人物画上都有很多作品传世。山水画的代表作有《落霞孤鹜图》《山路松声图》《溪山渔隐图》等，而他的仕女画更是出色，有《孟蜀宫妓图》《秋风纨扇图》《嫦娥奔月图》等。

秋风纨扇图　明　唐寅

在那个怀才不遇的年代，唐寅的政治才干无从施展，因而在他留给后人的一首首诗句和一幅幅佳作中，总是带着一丝感伤。如他的《秋风纨扇图》是一幅水墨人物画，画中描绘了一位手持纨扇伫立在秋风里的美人。左上角自题诗一首："秋来纨扇合收藏，何事佳人重感伤。请把世情详细看，大都谁不逐炎凉。"美人可能从手中"夏挥秋藏"的纨扇想到自身青春流逝。作者将世态的炎凉和美人的悲惨境遇和盘托出，发人深省。

由于在书画方面的巨大成就，他和同一时期的沈周、文徵明、仇英并称"明四家"，也叫"吴门四家"。

八大山人是指八个人吗？他和"四僧"有关系吗？

第一次听"八大山人"这个名字时，很多人都会误认为是八个人。其实，八大山人并不是八个人，而是一个人，他是明朝皇家宗室，原名朱耷，明末清初著名的书画家。崇祯十七年，明朝灭亡，当时朱耷才19岁。不久父亲去世，带着亡国丧亲之痛，同时也为躲避政治迫害，朱耷假装聋哑、隐姓埋名，23岁时皈依佛门。当时和他一样出家的画家很多，最有名的有四位：八大山人、石涛、髡残和弘仁。大家称他们为"四僧"。

八大山人有一首题画诗写道："墨点无多泪点多，山河仍是旧山河。"从诗中我们可以感受到他的孤独悲愤之情。因为国破家亡，他看周围的

花鸟册　明末清初　朱耷

一切都是残山剩水，甚至都不想正眼去看。所以你看他画中的鸟、鱼，总是像人翻着白眼一样，这也许就是八大山人冷眼看世界的象征吧。

因为明朝灭亡，八大山人一直非常痛苦，但又不敢声张，传言他有时偷偷地哭，有时忽然大笑，连他自己的名字"八大山人"写的时候也总是连在一起，看起来既像"哭之"，又像"笑之"。

八大山人的画达到了中国水墨画"极简"的境界。只画一两片花瓣，总共不过七八笔便成一幅画。在八大山人那里，一条鱼，一只鸟，一棵树，一朵花，一个果，加上一方印章，便

荷花册页　明末清初　朱耷

可以构成一幅完整的画面。无论多么复杂的造型，他都能用凝练简单的笔墨和线条来表现，这最能体现艺术家观察和提炼形象的功力，并且对画家用笔用墨的技法要求极高。

白石老人曾有诗曰："青藤（徐渭）雪个（八大山人）远凡胎，缶老（吴昌硕）衰年别有才。我愿九泉为走狗，三家门下转轮来。"这足以看出齐白石对八大山人崇拜至极，当然也从另一个角度说明了八大山人的艺术成就非常之高。了解了这些背景后，你是不是也能欣赏和理解八大山人的绘画作品了呢？

"扬州八怪"是指哪些画家？他们有什么特点？

在了解"扬州八怪"之前，须得先说说历史上的扬州。"天下三分明月夜，二分无赖是扬州。"自隋炀帝开凿大运河以后，古扬州就成为我国水陆交通的枢纽，交通便利带来了商业经济的活跃，因而扬州历来有"雄富冠天下"之称。到了清代，盐业尤为兴盛，扬州就更加富庶了。这些富商巨贾附庸风雅，也想在家中挂些书画来装饰，由此带动了扬州书画艺术的崛起。

竹石图　清　郑燮

提到"扬州八怪"，我们便知道是八位画家，但古往今来的艺术史著作对"扬州八怪"的所指有所偏差。大致有郑燮、金农、汪士慎、李鱓、黄慎、高翔、李方膺、罗聘、华嵒、高凤翰、边寿民等。他们是一批聚集在扬州的画家，作品的风格面貌和当时的正统画派不同，因而叫他们"扬州画派"

更合适。

"扬州八怪"正是在此背景下诞生的，他们之所以出名，正是因"怪"。清朝初期，最有影响力的画家是"四王"（王时敏、王鉴、王原祁、王翚），他们的风格主要是仿古。"扬州八怪"实际上都是职业画家，他们不模仿古人，而是把文人画跟当时市民阶层的一些需求及他们偏爱的题材结合起来，喜欢画一些活泼、有新意、有生命力的画，这些都更符合当时市民阶层的欣赏趣味。这奠定了他们在艺术史上的独特地位。

"扬州八怪"各有所长，关于他们的故事和传说也很多，其中最出名者当数郑燮和金农。郑燮辞官在扬州以卖画为生，他的书法更是别具一格，字形吸收了汉代的隶书等笔法，称写的是"六分半书"。他用这种笔法来画竹子、画兰花，还把书法、诗、绘画融合在一起，甚至把落款题在画中间，这些都是突破性的创造。金农的书法很有名，他的字被称为"漆书"。金农的画带有浓郁的年画和版画的味道，已经和以前的文人画完全不同了，画面充满了民间新鲜活泼的生气。

"扬州八怪"的革新精神，对后世影响深远，尤其是近现代的许多画家，如齐白石、黄宾虹、张大千等人，都从他们的画风中吸收了精髓而又有所创新。

外籍画家郎世宁与中国画有哪些故事？

在中国书画艺术的历史长河中，有不少外国人也留下了足迹，如元代的马可·波罗、明朝的利玛窦和清代的郎世宁等。尤其是郎世宁，在中国绘画史上留下了风貌独特的作品。

郎世宁是意大利人，在康熙五十四年（1715）来到了中国，但郎世宁真正的伯乐是乾隆。乾隆是一位附庸风雅的帝王，他痴迷书画，也很喜欢郎世宁的画作。由于皇帝的赏识，郎世宁的大半生就住在宫廷里，替乾隆皇帝画了很多肖像，不仅如此，他还为乾隆的嫔妃、军队、骏马、狗、花卉等描摹写真。

郎世宁在来中国之前就已经受过很好的西方绘画训练，所以当他用中国画的材料画画时，颜色都很像写实的油画，对动物、植物的描写，用的也是西方绘画训练下的写实方法，尤其重视透视和写生。比如他画的《八骏图》，马的姿态万千，各自在草地上觅食、躺卧、翻滚嬉闹，显得十分生动真实。虽然用的是中国画材料，背景中也是中国画的山水，但马匹的刻画却严格遵守西方透视的方法，还通过明暗的层次来制造出体积感和空间感，体现了中西合璧的画法。

郎世宁是使用中国的材料、工具来画画的西洋画家。他克服了很多困难，把这两种不同的绘画融合在一起，是中西结合的第一人。作为一名外籍画师，他在

八骏图　清　郎世宁

绘画方面取得的成就是不可替代的。这种中西合璧的绘画风格，对后来中国画的创新产生了积极的影响。

近代随着"西学东渐"的文化变革，中西结合的绘画方式在中国绘画史上掀开了新的篇章，像林风眠、徐悲鸿、刘海粟等都是现代中国画界的有识之士，他们在艺术实践方面进行了很多新的探索和尝试，也创作了很多融合性的中国画。

我们现在也学习素描和水彩，你有没有想过，用这些西方绘画的技法结合中国画的元素，尝试完成一件有创新的作品呢？

人民艺术家——齐白石有哪些艺术成就？

图中这位戴着黑色小毡帽、留着长长白胡子的老爷爷，就是人民艺术家齐白石。

1953 年，齐白石寿诞之日，文化部授予他"人民艺术家"的荣誉称号。在当时颁发的奖状上写着："齐白石先生是中国人民杰出的艺术家，在中国美术创造上有卓越的贡献。"

齐白石画像　当代　吴作人

齐白石出生在湖南一个穷苦的农村家庭，年幼时家境十分贫寒，小小年纪就跟随大人到田间劳作，有时肚子都吃不饱，闹饥荒了还要在林间山上找寻野菜野果吃。但少年时期的这些苦难记忆没有把齐白石压垮，反而成了他人生的宝贵经历。

齐白石成年之后做过很长时间的民间细木雕花匠，因此他非常了解

荷花　近现代　齐白石

民间老百姓的审美观念，这奠定了他日后扎实的美术功底。后期他拜师学习，提高诗、书、画、印多方面的修养，尤其在晚年定居北京后，仍苦心变法，不断创新，攀登绘画创作的高峰。他的绘画对象是生活中常见的花鸟虫鱼，甚至把以前很多画家不画的内容都画了出来，如虾、螃蟹、蝌蚪、知了、蛐蛐、雏鸡、白菜、喇叭花，甚至是扫把、蒲扇、煤炉等生活用具。这些生活中常见的东西，都成了他绘画中的形象。中国画原来都是文人士大夫的高雅艺术，在他笔下却充满了生活的气息，更具有民间活泼自由的生命力。这些与众不同的艺术创作，都和他早年的生活经验、学习经历有很大关系。

齐白石学习明清的徐渭、八大山人，在他们绘画的基础上进行创新。比如他学习八大山人的水墨技法，在这些基础上加上鲜艳的色彩。他还喜欢在画面中一边用酣畅大胆的色彩和笔墨，另一边画工整精细的小昆虫。比如他的《秋色佳》，

秋色佳　近现代　齐白石

你可以看出画家画的昆虫极其工整细腻，画树干又极其概括简练，两者结合有一种对照鲜明的趣味。

"作画妙在似与不似之间，太似为媚俗，不似为欺世"是齐白石的艺术观，他很好地处理了世俗和文人的审美意趣，既不流于媚俗，也不狂怪欺世。他的作品《蛙声十里出山泉》，用浓重的墨色在纸的两侧画了山涧，用淡青色画远山，用繁密细长的线条画潺潺的泉水，水中游弋着几只小蝌蚪，那么青蛙妈妈在哪里呢？虽然画面上不见一只青蛙，却使人产生无尽联想，仿佛可以听到远处的蛙声正和着叮咚的泉水声，唱出一首悦耳的乐章，有"听取蛙声一片"的效果。

白石老人将文人传统与民间传统、文人修养与乡土气质自然而然地结合起来，那"似与不似之间"的造型、浓厚的乡土气息、天真烂漫的童心和饶有余味的诗意，是齐白石艺术的内在生命，也是齐白石艺术的总体风格。齐白石是当之无愧的人民艺术家。

蛙声十里出山泉
近现代　齐白石

你知道徐悲鸿画马的故事吗？

徐悲鸿是近现代著名画家、美术教育家，是最早去欧洲学习西方绘画的中国画家之一。在法国留学期间，他接受了西方系统的绘画训练，

奔马　近现代　徐悲鸿

学习写生、透视和光影表现。归国后，他长期从事美术教育，也一直致力于用西方绘画的长处来改良中国绘画。

徐悲鸿的代表作有《九方皋》《愚公移山》《风雨鸡鸣》《奔马》等。在他的笔下，有跃起的雄狮、激昂的奔马、威武的雄鸡等，表达了对中华民族奋起觉醒的热切期望。其中，尤以画奔马享名于世。

徐悲鸿画马，先用笔勾出马头的轮廓，再用墨色的深浅来表现马头的体积，颜色深浅仿佛是光影的变化，使头部的刻画相当生动，特别是前额的留白，让笔墨更加空灵。用粗线勾画躯干，淡墨渲染，部分留白，表现奔马健硕的体型。用大笔像写书法一样很快地画出马鬃与马尾，带来一种飞舞的动感，仿佛马正在风中奔跑一样。徐悲鸿用中国画的工具，加上西方的技法，一改传统画马的白描染色式的描绘，把西洋画的明暗技法融入中国画，创造了一种融合性的大写意水墨画。

徐悲鸿画的马之所以受到世人广泛喜爱，除了画技精湛，更重要的是他倾注在画中的感情，即强烈的民族精神。

在中华人民共和国成立后，他挥毫泼墨画出一匹奔马，并题词："山河百战归民主，铲尽崎岖大道平。"展现了雄壮的气势和奔腾向前的巨大的力量，表达了自己对中华人民共和国诞生的激动和喜悦。如今他笔下的许多骏马都成了艺术珍品。

你听过张大千画荷花的故事吗？

张大千，中国近现代著名画家，他的诗、书、画与齐白石、溥心畬（yú）齐名，故又并称为"南张北齐""南张北溥"，与黄君璧、溥心畬并称"渡海三家"。

张大千是位全才型画家，绘画、书法、篆刻、诗词无所不通。他早期专心研习古人书画，在山水画方面卓有成就。后旅居海外。其绘画题材非常广泛，山水、人物、花鸟都很擅长。而花卉中尤爱荷花，且工笔写意融一体、重彩与泼墨相辉映，开创了新的艺术风格。

张大千早年住在北京颐和园，他经常在湖畔观察荷花的姿态，研究荷花的生长规律，并记下在风晴雨露中荷花的俯仰静动变化和开合卷舒。细

五彩荷花　近现代　张大千

泼彩荷花　近现代　张大千

心的观察使得张大千非常了解荷花，所以他下笔画荷的时候就能行笔洒脱，心手相应。早年他画荷花多是水墨写意，用色也比较少。后来到敦煌研学，受敦煌壁画的影响，开始转向重彩，尤其是晚年开创泼墨重彩之后，张大千特别注重画与书法之间的关系，尝试用写草书、篆书、楷书等不同书体的笔法画荷花。画荷花的梗用篆书，叶子则是隶书，花瓣用楷书，水草又用草书。

　　张大千爱荷、养荷、观荷、画荷。他通过与荷花朝夕相处，以其敏锐的观察力捕捉荷花瞬间的动态，然后用娴熟的技法加以表现，使之生机勃勃，气韵生动。他画的荷花不但超越了花卉的属性，更将文人花卉的笔墨范围拓展至另一境地。

　　你知道人民大会堂里气势磅礴的《江山如此多娇》是谁画的吗？

　　现代国画作品《江山如此多娇》是一幅气势磅礴的山水画，高6.5米，宽9米，现悬挂于北京人民大会堂。它是中华人民共和国成立十周年之际，由著名山水画家傅抱石、关山月共同创作的巨幅山水画。当时毛泽东主席还在画面上亲自题写"江山如此多娇"。

画面上，一轮红日映照大地，近景是高山飞瀑、苍松翠柏，远景是茫茫雪原中象征中华民族的长城在山势中蜿蜒。作品以毛泽东主席的词《沁园春·雪》为蓝本，主题是"江山如此多娇"。整幅作品展现了祖国壮丽的大好河山。

为了表现词中意象，两位画家选取了长城、大河、雪原、高山、松柏这些代表物象，来象征祖国的壮美河山。刚开始傅抱石、关山月创作了多幅草图，但都不

江山如此多娇　现代　傅抱石与关山月合作

太满意。为了凸显江山的"娇"，两人在表现技法、使用工具、色彩运用等方面，都进行了大胆的尝试。傅抱石曾追述："我们力求在画面上，把关山月的细致柔和的岭南风格和我的奔放、深厚融为一体，而又各具特色，必须画得笔墨淋漓，气势磅礴，绝不能有一点纤弱无力的表现。"

这幅作品有两大特征：首先是色彩上的巨大突破。画家采用青绿山水的重彩画法画近景的高山和苍松，用浅淡的绿表现长城、大河和平原，更远处则是茫茫的云海和雪原。太阳的霞光耀目，鲜艳的红色使水墨的画面多了一种靓丽的色彩，更使人感到"红装素裹，分外妖娆"的浓浓诗意。

其次，这幅画做了形式上最大胆的创新，虽描绘自然风景，但又不同于西洋风景画的写实，甚至超越了时空的限制，描绘了不同季节、不

同地域的自然景观。为了创造一个壮美宏伟的绘画意境，抒发对祖国河山的热爱和赞美之情，画家不仅表现了自然中的物象，还赋予这些景物强烈的象征意义。

《江山如此多娇》这幅巨制气势磅礴，尺幅之大创下了历史纪录，特别是它产生的广泛社会影响，是其他画家和作品无法替代的。

李可染的山水画《万山红遍》为什么大面积用红色？

你看过《牧笛》这部水墨动画片吗？在悠扬的笛声中，牧童骑在牛背上悠然而来。影片中憨态可掬、朴实无华的水牛就是根据著名国画家李可染的作品形象绘制的。为了这部影片，李可染还特地画了十四幅《牧牛图》给剧组作为参考。

俯首甘为孺子牛　现代　李可染

李可染自幼喜欢绘画，曾拜齐白石为师。他擅长画山水、人物，尤其擅长画牛。李可染在山水画上的成就十分突出，他大胆创新水墨技法，留下了很多优秀的山水画作品，比如《漓江胜景图》《万山红遍》《井冈山》等。

《万山红遍》是李可染山水画的代表作品。这一系列的画是以毛泽东主席《沁园春·长沙》中"看万山红遍，层林尽染"的诗意来创作的。作品气势雄壮豪迈，尤其是画面上大面积使用了朱砂的颜色，满目红山红树，特别有视觉冲击力。

据说李可染偶得半斤故宫流出的朱砂，就开始大胆尝试用朱砂层层积染来画山水画。李可染围绕"万山红遍"题材，共创作了七幅《万山红遍》。这一系列的画，都特别注重形式美感。画面物象经营布局具有形式感，画中主体都是中间耸立的高山，其间点缀着一些房舍，近景是成片的树林。作者跟其

万山红遍　现代　李可染

他画家一样，都是先用墨来画出所有的物象，然后用红色层层渲染。画面以红为主调色，强调"遍""染"，用朱砂铺染整个画面。因为朱砂是一种矿石，时间久远也不会变色。所以，我们现在看画面时，仍然感觉颜色特别鲜艳明亮，而且富有层次变化。

画面表现的是南国深秋景色，带有理想化的诗意色彩。通过大面积的红色调，将秋意表现得淋漓尽致。李可染大胆突破而完成的《万山红遍》在今天仍然备受世人瞩目。

故事与传说

没有汉字的时候，人们是怎样记录事情的？

同学们，你们知道在没有文字的原始社会，人类是怎样记录事情的吗？原始时代的人们为了帮助记忆，曾采用过各式各样的记事方法，比如口传记事、堆石记事、结绳记事，直到后来慢慢发展到用特定的符号记事，才逐渐演变为文字记事。

结绳记事是文字发明前人们所使用的一种记事方法，即在一条绳子上打结，用以记事。绳子的粗细可以表现事情的大小，绳子的颜色可以表现物品不同的种类，绳子打结的多少还可以表示猎物的数量、财富的多少等。上古时期的中国就有这种传统，即使到近代，一些没有文字的民族仍然采用结绳记事的方法来记载信息。

文字的产生是一个漫长而复杂的过程。在文字产生之前，用结绳的方法来记事或计数，确实是一个好方法。遇到大的事情，就结一个大的结；遇到小的事情，就结一个小的结。这种方法尽管很原始，但在没有文字的时期，起到了很大的作用。我国古老的典籍《周易》上就有这样的记载：古代人通过结绳的方法做记录，后来的圣人据此发明了文字。

你知道仓颉造字的故事吗？

我们从小就开始识字写字，文字是我们了解文化和交流的重要工具。目前，一部《新华字典》收录一万多个汉字。如果练习书法，你会发现同一个汉字从古至今的写法也不一样。那么我们每天使用的文字，是谁发明的呢？传说是仓颉造的字。

在仓颉没有造字之前，人们都是用绳子打结记录事情。他们用不同颜色的绳子，记录不同的牲口、数目，每个结代表一个数量，时间一长，太多不同的结分别记录着什么，他们也记不清楚，于是，他们想找个简单易记的符号来记录事情。相传仓颉在黄帝手下做史官，负责记录部落事情。在《大明一统志》里就有相关的记载："仓颉，南乐吴村人，生而齐圣，有四目，观鸟迹虫文始制文字以代结绳之政，乃轩辕黄帝之史官也。"

民间一直流传着这样的仓颉造字的故事：传说当时仓颉和部落里的人去狩猎，有经验的老猎手会看着地下野兽的脚印来寻找猎物。这使得仓颉心中猛然一喜，他想，既然一个脚印代表一种野兽，我为什么不能用一种符号来表示我所管的东西呢？他高兴地拔腿奔回家，开始尝试用符号来表示事物。虽然仓颉获得造字的灵感看起来很偶然，是地上的脚印触发了他的灵感，但他为了创造符号开始细心观察，研究天上的星星，地上的山川河流，花草树木的模样，飞禽走兽的痕迹。根据这些不同的形象，找出各种相应的符号，并定下了每个符号所代表的意义。他每天观察万物的主要特征，并画下来，这样造了许多象形文字，比如日、月、水、火、山、田、人等。

仓颉把收集的大量象形文字加以整理，交给黄帝，黄帝十分高兴，立即召集各部落的酋长，让仓颉教他们使用。于是，这些象形文字开始流行起来。后来在使用中不断演变和完善，这样就形成了文字。

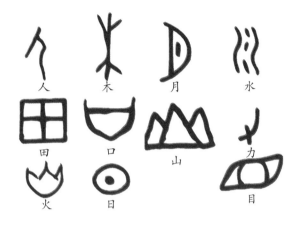

现在我国的河南还有仓颉陵，山西还有仓颉庙这样的古迹，这些都印证了仓颉造字的故事。

《黄庭经》为什么被称为《换鹅帖》?

《黄庭经》是中国道教经典，也是重要的养生著作。历代书法家都喜欢抄写，其中以王羲之的小楷《黄庭经》(也称《换鹅帖》) 最为有名。

据记载，当时的绍兴有一个道士，想求王羲之写一本《黄庭经》，并且准备了上好的笔墨纸砚，但是材料准备好了，就是请不到王羲之。道士听说王羲之爱鹅，特地精心饲养了一大群白鹅。王羲之坐船路过这一带，看到青山绿水之间，一群白鹅羽毛白净、形态优美。王羲之十分喜爱，恋恋不舍，于是停船驻足观看。王羲之打听到是道士养的鹅，就想开价购买。道士故作姿态地说："这么好的鹅不舍得卖掉啊。"然后又说："先生要是喜欢，我就送给您吧。不过要请先生为我写一本《黄庭经》!"王羲之当即欣然应允。道士如获至宝，立即把那一群鹅装在笼子里，让

黄庭经　东晋　王羲之

王羲之随船带走。

　　由此，王羲之的这一卷《黄庭经》，后来就被称为《换鹅帖》。唐代诗人李白在给贺知章的《送贺宾客归越》诗中也化用了这个典故，诗中写道："镜湖流水漾清波，狂客归舟逸兴多。山阴道士如相见，应写黄庭换白鹅。"

萧显与"天下第一关"有什么故事？

山海关位于河北省秦皇岛市东北大约十五公里的地方，是明长城的东北关隘之一，素有"天下第一关"之称。中外游客到山海关旅游，一部分人是冲着山海关的雄伟而来，但也有一部分人是冲着"天

天下第一关

下第一关"巨匾而来。"天下第一关"匾额长5米多，高1.5米，字为楷书，每个字都一米有余，这五个大字笔力苍劲、古朴，有雄视四海之意，气势豪壮，与城楼相得益彰，堪称古今巨作。

相传"天下第一关"五字为明代著名书法家萧显所书。在当地，有关萧显题匾的故事被传得活灵活现，说是他大笔挥毫之后，叫人把巨匾挂上城楼，一看，却发现"下"字少了一点。此时有人禀报，蓟辽总督要过来看"天下第一关"匾额，并且马上就到。萧显登楼补写已来不及，他急中生智，命书童马上研墨，随手抓过堂倌手中的一块擦桌布，手中一团，饱蘸墨汁，用尽平生之力，朝城楼上的匾额甩去。只听"叭"的一声，墨布正好落在了"下"字右下角，补上了那一"点"。

用抹布补上"下"字下面这一点的故事虽然无从考证，但它表现了

民间对萧显书法深厚功力的赞颂，也使这块匾充满了艺术吸引力，让人产生无穷的想象。

你知道"入木三分"的传说吗？

王羲之是东晋时期著名的书法家，因为他曾经做过右军将军，所以后人又称他为王右军。王羲之的书法，称得上冠绝古今，其秀丽中透着苍劲，柔和中带着刚强。所以，学习书法的人很多都以他的字作为范本。现今他的书帖中最著名的有《兰亭序》《黄庭经》《快雪时晴帖》《姨母帖》等。

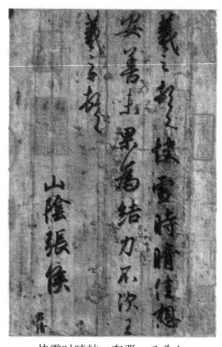

快雪时晴帖　东晋　王羲之

王羲之的字写得这样好，与他的天资有关，但最重要的还在于他孜孜不倦地刻苦练习。相传东晋明帝有一次要到京都建康北郊覆舟山祭祀土地神，让王羲之把祭文写在木制祝板上，再派人雕刻。刻者把木头剔去一层又一层，发现王羲之的墨迹竟渗进木板深处，直到剔去三分厚才见白底！刻者惊叹其笔力雄劲："竟入木三分！"试想，一个人在木板上写字竟然能够让墨迹深深地渗透到木板中，可见这个人的功力有多么深厚，王羲之"书圣"

的名气果然不虚。

后来"入木三分"成为成语，比喻书法功力好，已经达到了炉火纯青的地步，也指写文章或者评论问题时，分析问题透彻、深刻。

你听过墨池的故事吗？

王羲之是中国东晋时期杰出的书法家，他从小练习书法，又很勤奋好学。有一次，他在父亲的枕边发现一本名叫《笔谈》的书，里面讲的都是写字的方法，王羲之如获至宝，偷偷地阅读起来。他的父亲王旷也是东晋有名的书法家，起初他觉得王羲之年幼，要等他长大后再读。王羲之回答说："学习是不能等待的，等我长大后再看恐怕就迟了。"他的父亲听了，点头称赞儿子志向不凡，从此以后，悉心指导他学习书法。

但是，王羲之并不满足已有的进步，长大以后，学习更加勤勉。有一次，他看见东汉书法家张芝的书迹时，爱不释手，自叹不如。王羲之不仅爱慕他的字，更钦佩他"临池学书，池水尽黑"的苦练书法的顽强精神。从此，王羲之不管寒来暑往，都会勤加练习，写完字后也会到家门口的水池去涮笔，这期间，不知写坏了多少毛笔，用掉了多少墨锭。久而久之，池水都被染黑了，人们便把这个水池称作"墨池"。

王羲之常年勤学苦练书法，他草书学张芝，楷书学钟繇，博采众长，终于形成自己独特的风格，影响了后世很多书法家，人们尊称他为"书圣"。

王羲之墨池只是民间流传的一个小故事，真假无从考察，而文章

《墨池记》确有典籍可查。《墨池记》的文章是"唐宋八大家"之一的曾巩所写。曾巩很仰慕王羲之的名号，还特地去看了墨池，从传说中王羲之墨池遗迹入手，巧妙机智地借题发挥，撇下"墨池"的真假不说，而是重点提醒我们王羲之的成功取决于其后天的不懈努力。要取得很高的成就不是一天两天的事，是要刻苦学习才能换来的，这是我们今天应该从墨池的故事中学习的精神。

你听过十八缸水的故事吗？

王献之，是王羲之的第七个儿子。他自幼聪明好学，从小跟父亲学习书法，十来岁时，就自认为字写得不错了。一天，他去问父亲："我的字再练三年就够好了吧？"王羲之笑而不答。母亲摇着头说："远着呢！"献之又问："那五年呢？"母亲仍旧摇头。

于是他想，要是有什么窍门就好了。有一天，他向父亲询问写好字的诀窍。王羲之指着院子里的十八口大水缸，郑重地对儿子说："你呀，写完那十八口大缸里的水，字才有骨架，才能站稳呢！"王献之听了心里很不服气，暗自下决心要显点本领给父母看。

于是，他按父亲的要求，先从基本笔画练起，苦苦练了五年。一天，他捧着自己的"心血"给父亲看。王羲之没有作声，翻阅后，看见其中的"大"字架势上紧下松，便提笔在下面加了一点，成了"太"字。小献之心中有点不是滋味，又将全部习字抱给母亲看。母亲仔细地揣摩许久，才叹了口气说："我儿用尽三缸水，唯有一点像羲之。"献之走近一看，惊傻了！原来母亲指的这一"点"正是王羲之在"大"字下面加的那一"点"！

王献之满脸羞愧，自感写字功底差远了，便一头扑进书房，天天研墨挥毫，刻苦临习。他深深地体会到写字没有捷径，只有"勤"字。

不知又经过了多少个日日夜夜，他的书法才大有长进。王献之后来终于成为举世闻名的大书法家，与父齐名，人称"二王"。

李煜与《韩熙载夜宴图》有什么传奇故事？

说起南唐后主李煜，我们都很熟悉，他写了很多著名的诗词，我们最常想起的就是他的《虞美人》："春花秋月何时了，往事知多少？……"

在李后主的宫廷里有位画家叫顾闳中，他画了一幅《韩熙载夜宴图》，是南唐时期最重要的作品。

说起后主李煜和这件画作《韩熙载夜宴图》的关系，你也许就会感到意外了。事实上，《韩熙载夜宴图》就是应李后主的要求画的。图中主人公韩熙载是南唐名臣、文学家，才能超群。眼见南唐江山日下，自己却无力挽回，于是纵情声色。李煜很想重用他但又对他怀疑猜忌，于是猜透后主心理的韩熙载就借助歌舞升平的生活麻痹自己，做出对朝政漠不关心的样子，只为打消李后主的猜忌得以自保。后主对其活动放心不下，于是就暗中命顾闳中潜伏过去，窥视他与宾客门生的夜宴活动。顾闳中目识心记，回来后便绘成此图。

这幅夜宴图，画家选取五个具有典型意义的夜宴生活片断加以描绘，分别是听琴、观舞、休息、清吹、送别，每段巧妙地用屏风相隔而又连贯一气。

韩熙载夜宴图　南唐　顾闳中

这五个部分互相联系又相对独立，画中人物形象传神，不同的身姿容貌都处理得十分到位，特别是韩熙载的形象刻画有肖像画的特点，衣冠穿着反映了他的放纵。画面情节复杂，人物虽多，却安排得宾主有序，繁简得当。此画用笔缜密，线条细润而圆劲，设色秾丽而沉着。家具、器皿、乐器等描绘得细致精微，线条劲健洗练，色泽匀净富丽，起到烘托主题的作用，同时也是研究中国工艺美术史和音乐、舞蹈史及绘画史的重要形象史料。整幅作品细劲的线条、明丽的色彩与床案、男性衣冠的沉着色彩相协调，取得了很好的效果，其中对主人公韩熙载压抑郁闷的心情刻画尤为成功。

《韩熙载夜宴图》通过五个场景的描绘，揭示出主人公在当时形势下苦闷、空虚、无可奈何的复杂心情，是一幅有重要历史文献价值和杰出艺术成就的古代人物画精品。

你听过"退笔冢"与"铁门槛"的故事吗？

高僧智永，南朝人，本名王法极，字智永，"书圣"王羲之的第七代孙。他自幼研习家传王羲之的书法，颇有心得。智永少年时出家，将家传的《兰亭序》带到寺中保存，并每日研习。出家以后的智永不理俗事，将自己锁在寺中的一座小楼上，发愿"学书不成，誓不下楼"。

在楼中，他早晚苦练，写得手上都磨出老茧。由于他日夜练习不辍，毛笔磨损得也很快，以至于送饭的小和尚隔几天就要为他送来几支新笔，并带走磨秃的旧笔头。寒来暑往，不知不觉他已经在寺中阁楼上刻苦练习书法二三十年了，书法也越来越好。有一天，他决定下楼看看。在楼下，他发现外面整齐地排放着几口大瓮，瓮里满满地盛着秃笔头。智永非常惊讶，就问这是怎么回事，接智永下楼的僧人笑道："这都是你学书用废的笔头啊。"

智永用手抚着那些笔头，感慨万千。他让人在一处山明水秀的地方挖了一个大坑，将这几瓮笔头埋了。还把埋放笔头的地方叫作"退笔冢"，并立了石碑，亲手题写了铭文来纪念。

经过二三十年的努力，智永的书法大有进益，随之而来的，是他的名气也越来越大，人们争相前来求他的墨宝。人们像赶集一样拥来，结果把门槛都踏坏了，智永只好用铁皮来加固门槛，时人称之为"铁门槛"。"退笔冢"与"铁门槛"便成为书坛佳话，二者交相辉映，同为千古美谈。

智永继承家风在寺中练习书法二三十年，相传其书写的《真草千字文》有800余本，他将这些作品送给江浙一带各个寺院，让人临写，对后世书法产生了深远的影响。

你听过怀素芭蕉练字的故事吗？

怀素，僧人，唐代书法家，与张旭齐名，合称"颠张狂素"。

怀素自幼聪明好学，他在《自叙帖》里开门见山地说："怀素家长沙，幼而事佛，经禅之暇，颇好笔翰。"

怀素早年苦于无钱买纸，曾用一个漆盘和一块方形木板练字。随着岁月的流逝，木板和漆盘都被写穿了底，写秃了的笔头堆积起来，垒得犹如小山一般，就像当年智永的"退笔冢"。后来，他又效法古人在芭蕉叶上题诗的方法，在寺后空地上种植了很多株芭蕉，以叶代纸，日夜练习不辍。硕大的芭蕉撑起了无数把绿伞，覆盖了怀素居住的小屋，为他留下了一片充满绿意的宁静空间。怀素就在这片绿色的天地里坐禅习字，遨游于书法艺术的王国，他还给小屋取了一个充满诗意的名字——绿天庵。

在绿天庵中刻苦的学书生涯，为怀素日后超凡的书法艺术奠定了基础，特别是芭蕉叶滑润、不易着墨的特点，促成了怀素后来那种灵动疾速、忽断忽连、乍干乍湿的笔触和特有的点画特质。

我国文字记录最早的一副对联是什么？

对联，又称楹联或对子，是写在纸、布或刻在竹子、木头、柱子上的对偶的文学作品。对联讲究对仗工整，平仄协调，是中华语言独特的艺术形式，也是中国传统书法艺术的重要表现形式。

而贴春联，是我国古老的传统风俗。每逢过年，家家户户都辞旧迎新、张灯结彩，画门神、贴春联，喜气洋洋。那么有着悠久历史传统的春联到底起源于什么时候呢？

最早的对联起源于桃符，桃符是古时挂在大门上的两块画着门神或写着门神名字、用于避邪的桃木板，相当于门神像。到了五代，桃符上开始出现联语，人们一般都在上面写上吉利的词句，相传这起源于五代时期蜀后主孟昶。有一天，孟昶突然下了一道命令，要群臣在桃符板上题写对句，来测试大家的才华。可是，当群臣们把对句写好给孟昶过目时，孟昶都不满意。于是，他自己提笔在桃符板上写下："新年纳余庆，

对联 现代 启功

嘉节号长春。"大概意思是新年享受着前代的恩泽，佳节预示着春光永驻。现在看来，这副春联读起来仍有节日气氛，让人倍觉温暖。这就是我国流传下来最早的一副春联。到了宋代，人们在桃木板上写对联已很流行，一是有桃木镇邪的意义，二是表达自己的美好心愿，三是装饰门户，以求美观。"千门万户瞳瞳日，总把新桃换旧符"，从王安石的这句诗可以看出，过年写桃符在当时已经蔚然成风了。

经过不断的演变，后来人们已经在象征喜气吉祥的红纸上写春联了，新春之际把春联贴在门窗两边，表达了人们祈求幸福好运的美好心愿。

张僧繇与成语"画龙点睛"之间有什么故事？

南北朝时期的梁朝，有位很出名的大画家名叫张僧繇，他在绘画史上的地位非常重要，与顾恺之、曹不兴、陆探微一起被人们尊称为"六朝四大家"。

同学们应该很早就听说过"画龙点睛"这个成语，但是你是否知道这个成语是与南朝大画家张僧繇有关，是专门用来形容画家的画技高超的呢？

梁朝当时的皇帝梁武帝信奉佛教，修建了很多寺庙，并让张僧繇去作画。传说，有一年梁武帝要张僧繇为金陵的安乐寺作画，张僧繇只用了三天就画完了四条金龙。当时很多人前去观看，大家都称赞张僧繇画的金龙惟妙惟肖，简直就像真龙一样活灵活现。可是，当人们走近一点看时，却发现美中不足的是四条龙全都没有眼睛。大家就问张僧繇到底是为什么，张僧繇回答说："画上眼睛的话，它们就会飞走的。"大家不信，一定要他画上眼睛，张僧繇只好给其中的一条龙点上了眼睛。霎时间，电闪雷鸣，那条龙真的飞走了。

通过"画龙点睛"这个故事，我们能看到张僧繇的画功是多么深厚啊。后来，人们根据这个传说引申出"画龙点睛"这个成语，来比喻说话或写文章时，在重要处用上关键性的、精辟的一两句话，点明要旨，能使内容更加生动有力，这样的话或字句就被称为"点睛之笔"。

《鹳鱼石斧图》是现存最早的中国画吗？

鹳鱼石斧彩陶缸是新石器时代的一件文物，1978年出土于河南省汝州市（原临汝县）阎村。陶缸高47厘米，口径32.7厘米，底径20.1厘米。器腹外壁的一侧就是著名的《鹳鱼石斧图》。其图画古朴生动、色彩和谐，且极富有意境，现收藏于中国国家博物馆。

那么，你是否想过这件文物上的绘画是不是现存最早的中国画呢？

答案很简单，《鹳鱼石斧图》并不是我国新石器时代唯一的图画，更

鹳鱼石斧图　新石器时代

不是最早的图画。首先因为浙江余姚河姆渡遗址中黑色陶钵上的稻谷，陕西宝鸡北首岭遗址中小口细颈瓶上水鸟衔鱼的画面，都比《鹳鱼石斧图》早了很多年。再就是这幅《鹳鱼石斧图》尽管具备了中国画的一些基本技法，但这仅仅属于中国画的雏形，还不能算是真正的中国画。

那《鹳鱼石斧图》的价值在哪里呢？

首先，《鹳鱼石斧图》是现在发现的画幅最大、独立性最强的一幅陶画，在中国美术史上具有非常重要的价值。《鹳鱼石斧图》分为两个部分。陶器的左边画了一只圆眼、长嘴、两腿直撑的水鸟，它昂首站立，身躯微微后倾，嘴上衔一条大鱼。显然，创作者很注意观察生活，并且巧妙利用鹳鸟的细部处理来表现它在运动中的姿态。在陶器的右边，竖立着一把带柄的石斧，作者细致地描绘石斧上的孔眼、符号和紧缠的绳纹。这位创作者为了表现白鹳轻柔的羽毛，将鹳身平涂成了白色，而石斧和鱼的外形轮廓以黑色线条勾勒，在轮廓之内，又以白色涂绘鱼身，极类似后来中国画中的勾勒填色画法。

其次，作品有非常鲜明的主题。在作品中我们发现，作者通过鸟、兽、斧的组合，来表达人们对吉祥、丰收生活的向往。在鹳鱼石斧彩陶缸出土之前，尽管也出土过很多精美的陶器，上面有几何纹、花瓣纹或鱼纹，它们大多以装饰纹样为主，很难发现有令人想象或思考的主题思想，也很少有围绕着画面的主题来塑造的构思。

　　总之,《鹳鱼石斧图》是中国发现最早的绘画作品之一, 在 2002 年还被国务院列入 64 件禁止出国展出的珍贵文物。它不仅代表着中国史前彩陶绘画艺术创作的最高成就, 同时也标志着中国古代绘画逐步脱离器形的限制, 开始由纹饰向物象发展, 拉开了中国绘画发展史的序幕。

　　我国现存最早的独幅人物画是什么?

　　《人物龙凤帛画》是我国迄今为止发现的最早的一幅帛画, 也是我国现存最早的独幅人物画。此画 1949 年出土于湖南长沙陈家大山楚墓, 现藏于湖南省博物馆。

　　根据考证, 帛画中的仕女为墓主人形象。画面下方描绘一位侧身向左站立的女子, 她腰身纤瘦, 身着精美的花纹长裙, 头上梳着长髻, 双手合掌做祈祷状, 神态十分虔敬。她的上方绘有一龙一凤。凤鸟的头向上高高昂起, 尾部翻卷, 翅膀仿佛在振动, 似欲奋起高飞。龙的身体弯曲, 也有扶摇直上的感觉, 整体画面呈现出昂扬风发的勃勃生机。

　　此画造型简洁生动, 比例匀称, 用笔流畅, 线条挺拔, 都用墨

人物龙凤帛画　战国时期

线勾勒。线描纹饰都经过精心处理，线条曲直配合得当，富有节奏变化；用色讲究，在人物的唇和衣袖上，还可以看出用过暗红色彩的痕迹；黑白色块与点线面结合，画面协调且富于装饰意味。《人物龙凤帛画》是研究战国时期楚文化的珍贵资料。

同一时期的帛画还有稍后发现的《人物御龙帛画》，画中人物的形象塑造和人体比例的把握都相当准确，技巧已十分娴熟。以墨色线条为主，略加暗红的淡彩，显得比较古朴；线条已有了轻重、刚柔的变化。其色彩是在单线勾勒后平涂和渲染兼用，运笔潇洒自如。可以这样说，战国时期以线条来描绘人物的造型方法已经形成，这两幅帛画代表了当时肖像画的最高水平，是中国人物画确立的重要标志。

你知道汉代画像石上"二桃杀三士"的故事吗？

汉代画像砖石，是我国古代遗留下来的珍贵文化遗产。它盛行于汉代，大都是作为建造和装饰墓室的材料，也有少量用于祠堂或门阙，极具时代特色。鲁迅先生提到汉代画像石的历史价值时曾指出："汉画像的图案，美妙无伦，为日本艺术家所采取。即使是一鳞一爪，已被西洋名家交口赞许，说日本的图案如何了不得，了不得，而不知其渊源固出于我国的汉画呢。"

众所周知，以画像砖石为代表的汉画像艺术，形象而生动地描绘了汉代人日常生活的方方面面，可谓包罗万象。有表现劳动生产的，有描绘社会风俗的，有描绘神话故事的，还有表现贵族车马出行的。因此，它们不仅是美术作品，也是记录当时社会生产、生活的实物资料。著名历史学家翦伯赞先生言："这些石刻画像（指汉画像石）假如把它们有系统地搜集起来，几乎可以成为一部绣像的汉代史。"

汉画像砖石常常采用线面结合的手法，形象塑造大胆而夸张，抓取高潮性的瞬间状态，表现人物之间强烈的情感冲突。典型的如东汉画像石《二桃杀三士》，它以夸张的艺术手法，形象地记述了战国时发生在齐国的故事，成功地展示出充满性格悲剧气氛的传奇的历史瞬间，是一件高度概括的优秀石刻作品。

《二桃杀三士》是中国古代的一则历史故事，最早记载于《晏子春秋·谏下篇》。讲述的是春秋时期齐景公帐下三员大将公孙接、田开疆、古冶子的故事。他们战功彪炳，但也因此恃功自傲。晏子建议齐景公早日消除祸患，于是设了一个局。晏子让齐景公把三位勇士请来，并赏赐他们三位两颗珍贵的桃子。而三个人无法平分两颗桃子，晏子便提出协调办法：让他们三人比功劳，功劳大的就可以取一颗桃。公孙接、田开疆二位勇士认为自己功劳最大，各拿一桃。古冶子认为自己功劳最大，拔剑指责前二者，前二者羞愧之余让出桃子并自尽。古冶子因为羞辱别人以及让别人为自己牺牲而感到羞耻，因此也拔剑自刎。

二桃杀三士画像石　汉

《二桃杀三士》画像石，大胆舍弃人物活动的背景环境刻画，以大面积浅刻的空白，突出表现悲剧中的三位大将，并以夸张的动态突出展现勇士高傲刚强的性格。画面中人物形象动感极强，个个怒目圆睁、剑拔弩张，矛盾冲突瞬息突变，取得了强烈的视觉艺术效果，成功地展示出充满性格悲剧的传奇历史瞬间。

《二桃杀三士》令我们今天的观者仍能真切地感受到，春秋战国时期忠臣武士所崇尚的刚烈义勇的理想人格。

你听过九色鹿的故事吗？它和敦煌壁画有什么关系？

说起九色鹿，可能唤起了很多人美好的童年记忆。国产动画片《九色鹿》，讲述了善良的九色鹿经常帮助遇到困难的人。有一次，它救了一个因捕蛇而落水的人。落水人贪图钱财，恩将仇报，竟然向国王告密出卖了九色鹿。最后九色鹿用神力化险为夷，落水人也受到了应有的惩罚。很多人记得那个善良、勇敢又美丽的九色鹿，其实它就是根据敦煌莫高窟第257窟内的壁画《鹿王本生图》创编的。

那么今天我们就来了解一下敦煌《鹿王本生图》的壁画。《鹿王本生图》是莫高窟第257窟的壁画，创作于北魏时期。

这幅壁画是敦煌壁画同类题材中保存最完整、最完美的连环画式的壁画。观看这幅壁画，像是在看一幅展开的中国画长卷，不过故事是从两头向中间发展的，结局画在最中央，这样安排是为了突出正直善良的九色鹿形象。在表现技法上，《鹿王本生图》的颜色浓重强烈，用了很多土红、石绿、青色和白色。由于时间久远，原来的有些颜色氧化变暗成

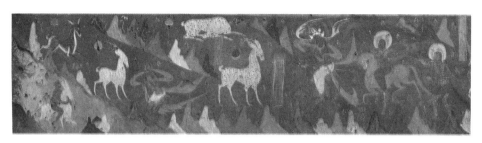

鹿王本生图　敦煌莫高窟第257窟　主室西壁　北魏

了灰黑色。比如人的皮肤原来都是肉粉色，因为其中含铅粉（一种白色）氧化而变成了黑色。今天，这些黑色看起来不但使艳丽的画面更沉稳，还增加了一种沧桑的厚重感。在描绘人物和动物时，作者像画国画一样，都是用遒劲挺拔的线条先画轮廓线，然后用"凹凸法"渲染，表现出物象的体积感。画中的山只是个背景，画得很小，这些小山像一个个馒头似的排列着，用颜色平涂，用笔简洁又娴熟。

《鹿王本生图》壁画描绘的是一个佛教故事，宣扬的是善恶报应思想，赞扬了九色鹿王的忘我精神。了解了这幅壁画的创作手法，回头你可以再去看看动画片《九色鹿》，试着找一找艺术家在创作动画时吸收了哪些敦煌壁画的技法，这些借鉴对你有什么启发。如果你也爱画画，将来自己做创作，你又会从这些传统的壁画艺术珍品中吸收到哪些精华呢？

启功的《草书千字文》有哪些鲜为人知的故事？

提到启功，大家首先想到的肯定是他那一手潇洒飘逸、骨力内含的"启功体"。作为中国当代著名书法家，他的书法充满诗情画意，深受大家的喜爱。在启功先生众多的书画作品中，有一幅长卷《草书千字文》，

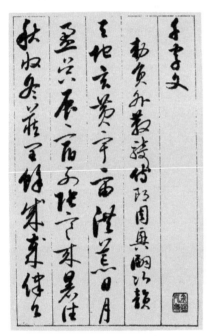

作品极引人瞩目：通篇气韵生动，有龙跳虎卧之致，在启功先生存世极少的草书作品中可谓极品。这幅作品是启功先生应收藏者金煜之邀，欣然挥毫而成。金煜和启功先生的关系非同一般，这幅《草书千字文》的背后有许多鲜为人知的故事。

启功先生没有正式地收过哪个学书法的学生，但是受过他教诲的人却有千千万万。金煜最为幸运，他能得到先生的言传身教，并时常在书法绘画上被先生指点一二。

草书千字文（局部）　当代　启功

20 世纪 70 年代，启功先生住的地方离金煜的住所很近，启功先生时常找金煜聊天，就是金煜不在家时，先生也经常过来坐一坐，看看金煜收藏的画。金煜收藏了明代大书法家文徵明的一幅真迹，启功先生在他家见到这个手卷以后，拿回寓所在卷尾题跋了一段。先生的这段书法让金煜看得如痴如醉，连声感叹世上居

然还有人能写出这么漂亮的字！

出于对启功先生书法的仰慕，金煜意欲向先生求一幅墨宝，以便自己平日学习和临摹。于是，金煜拿出自己珍藏的卷纸，亲手研了朱砂墨，比着界尺，给卷纸画上了朱丝栏。启功先生在看到金煜拿过去的卷纸之后，十分高兴，称赞格子画得认真，便收下这长卷。两三个月过后，金煜去启功先生那里串门，先生就把长卷拿给他。金煜打开一看，居然是《草书千字文》，金煜一时间大喜过望，对作品爱不释手，拿回家看了一遍又一遍，不断地临摹学习。

通过这篇洋洋洒洒的草书，我们可以看出启功先生在书写此篇《草书千字文》时，心情愉悦，行笔一气呵成，没有半点停顿之感，笔法灵活生动，无刻意的安排，整幅作品不疾不徐，娓娓道来。启功先生的书法作品以行楷书居多，草书作品则少之又少，因而这篇《草书千字文》显得异常珍贵。

为什么表示美好的字，如"美""祥""善"中都有一个"羊"字？

学习汉字时，如果你爱观察，就会发现汉字的一个规律：看汉字的偏旁部首就可以知道它是哪一类别的字。因为古代曾用贝壳来做货币，所以贝部的字经常表示和钱财、货币、贸易有关，像"财""资""赚""账"等。而心字底和竖心旁做部首时，经常表示与感情、思想或心理活动有关，如"想""思""念""忘""恋""情""愉""怜""惜"等。在表示美好的一些字，如"美""祥""善"等字中都有一个"羊"字。那这是为什么呢？"羊"有美好的寓意吗？

羊在古代被赋予美好的含义是源于羊本身的美味。羊和古人的生活密切相关，因而以"羊"为构造的字都具有丰富的文化内涵。如"美"字，就是由"羊"和"大"组成，古人认为羊大就肥美，进而引申为表示一切美好的事物。比如"羡"字，从小篆"羡"字可以看出最初造字时，上边是"羊"，下面右边是一个人，左边是他馋得太狠而流出的口水。"羡"是对羊肉垂涎三尺，引申为喜爱之意。再比如"鲜"字，由"羊""鱼"来组成，可以看出古人对于羊和鱼这两种鲜美的食物是情有独钟的。

对于羊与美的渊源，我们还可以查看《说文解字》来了解。《说文解字》是第一部按部首编排的汉语字典，作者叫许慎。该书系统地分析了汉字字形，还考究了字的来源，是世界上早期的字典之一。

《说文解字》说："羊，祥也。"因为在古汉语中，"羊""祥"是通假字，通假就是它俩长得不一样，但意思一样。还说："羊大则美。"也是说"美"就是羊大肥美、好吃味美的意思。又说："美，甘也。从羊从大。羊在六畜主给膳也。美与善同意。"意思是说美和善的意思一样，都是甘的一种感觉。按作者解释，"美"的本意是对大羊的一种味觉和视觉感受。

著名历史学家陈寅恪说："一个汉字就是一部文化史。"汉字里蕴含着丰富的文化，今天我们学习书写汉字，就是为了了解它蕴含的丰富文化，并通过笔法和结构传承汉字精神和中华文明。

艺术的遗存

你知道中国的四大石窟吗？它们有什么特点？

石窟原是印度的一种佛教建筑样式，随着东汉末年佛教传入我国，石窟的开凿也越来越多。北魏到隋唐是凿窟的鼎盛时期，其中最有名的是甘肃敦煌的莫高窟、山西大同的云冈石窟、河南洛阳的龙门石窟和甘肃天水的麦积山石窟。它们并称"中国四大石窟"，是中国古代传统文化艺术的瑰宝。

四大石窟中，敦煌莫高窟开凿最早，影响力和知名度也最高。因为敦煌一带的岩质不适合雕刻，故莫高窟的造像多以泥塑和壁画为主，其壁画多达45000平方米，彩塑有2400多尊。敦煌壁画大部分都是以宣扬佛教为主，因此早期内容大部分都是描绘佛、菩萨或天上的各路神仙。

敦煌莫高窟第103窟　主室藻井　唐

发展到唐代，敦煌壁画中出现很多描写现实生活的内容，从宫廷的舞蹈、音乐，到农夫迁建耕作、行路商人，甚至还有杀猪宰羊的屠夫。敦煌壁画从原来的宗教画转变成了中国的风俗画。所以余秋雨先生说："看莫高窟，不是看死了一千年的标本，而是看活了一千年的生命。"可以说莫高窟是用色彩追忆曾经繁盛的中华文明，将建筑、塑像和壁画三者有机地结合了起来。

云冈石窟，位于山西大同武周山，东西绵延约1000米，主要石窟完成于北魏孝文帝迁都洛阳之前，约和平元年（460）至太和十八年（494）。云冈石窟带有明显的异域风情，其中最著名的昙曜五窟都是以大型石雕为主。云冈石窟中期发展形成的中国式佛像龛，在后世的石窟寺建造中被广泛应用。晚期石窟有了更浓郁的中国式建筑和装饰风格。

敦煌菩萨复原图

龙门石窟开凿于北魏孝文帝迁都洛阳前后，延续至唐代，历时400余年。其中唐朝武则天时期开凿的石窟数量最多，奉先寺是最具有代表性的唐窟，其规模之大，在龙门石窟中位列第一，奉先寺的卢舍那大佛也成了龙门石窟的代表形象。龙门石窟雕刻刀法圆熟精致，佛像表情生动。石窟中最早的古阳洞，距今有 1500 年了，其中遗存的著名的《龙门二十品》，是魏碑的经典代表，也是研究书法的珍品。

细心比较龙门和云冈两大石窟不难发现，二者虽然都是以大型石窟雕像闻名，但龙门石窟的造像更加本土化。所以有人说洛阳龙门石窟是"汉化版"，大同云冈石窟则是"未完全汉化版"。

最后，我们介绍一下麦积山石窟，这个石窟位置建造得最有特点，它以险取胜，以雕塑服人。石窟开凿在悬崖峭壁的麦积山上，洞窟之间全靠架设在崖面上的凌空栈道通达。洞窟内以泥塑为主，艺术价值极高。中国历史学家范文澜将其誉为"陈列塑像的大展览馆"。著名雕塑家刘开渠说："敦煌如果是一个历代壁画的大画馆，麦积山则是我国历代的一大雕塑馆。"

四大石窟是用泥石雕塑的历史，也是文明的教科书，更是坐落在山水、沙漠中的艺术博物馆。

俗语说"一个唱红脸，一个唱白脸"，戏曲人物为什么会有不同的脸谱颜色？

"一个唱红脸，一个唱白脸"，常常比喻在解决矛盾冲突的过程中，一个充当友善令人喜爱的角色，另一个充当严厉令人讨厌的角色。其实二者都来自中国传统戏曲。在中国国粹京剧中，一般把忠臣或好人扮成红脸，而把奸臣或者坏人扮成白脸。后来人们就用红脸代表好人，用白脸代表坏人。

现在演出经常要化妆，而戏曲表演则更注意扮相。脸谱，就是舞台演出时的化妆造型，是中国传统戏曲演员脸上的绘画艺术。比如京剧中有不同的行当，分为生、旦、净、末、丑。每个行当的妆容都不一样。我们这里说的脸谱，主要讲"净"的面部绘画。"净"还有个俗称叫"花脸"。

"蓝脸的窦尔敦盗御马，红脸的关公战长沙，黄脸的典韦，白脸的曹操，黑脸的张飞叫喳喳……"怎么样，你是不是听过这首叫《说唱脸谱》的歌呢？这就是根据传统戏曲创作的流行音乐，歌里唱的这些人物都是戏曲中经典的形象。

京剧脸谱的色彩非常丰富，主色都象征某个人物的品质、性格、气度等。这些人物一亮相，观众马上能够知道他的品质性格，方便理解角色和故事。脸谱中红脸象征忠义、耿直、有血性，代表人物是关羽。黑脸可以象征忠勇、严肃、不苟言笑，如包拯；又可以象征威武有力、粗鲁豪爽，如张飞、李逵。白脸表现奸诈多疑、凶诈，如曹操、秦桧。黄脸表示勇猛、暴躁，如典韦。蓝脸表现性格刚直、桀骜不驯，如窦尔敦。绿色代表顽强、暴躁的人物形象。紫色表现刚正、沉着的人物。金、银色一般表现各种神怪形象等。

同学们，你能记住这些人物和脸谱吗？试着多去看几场戏曲表演，说不定你会喜欢上这种传统艺术哦。你也可以尝试自己创作一个脸谱，并尝试用不同颜色来表现你设计的人物性格。

明清两朝官服上常有禽和兽的图案，为什么要用这些图案呢？

我们现在穿衣打扮都比较自由，可以根据自己的喜好来挑选服装。而特殊职业的人要穿职业装，比如军人、警察、护士等。我们不但可以通过他们的服装看出他们的职业，而且还能从细部的特征判断他们职务的高低，比如通过军人的肩章上的星条的数量、大小可以区分军衔等级。

古时候，人们穿衣服也是非常讲究的，老百姓只能穿布衣，做官的都要穿官服。官服的样式、颜色、图案都有严格的规定，乱穿会有杀头的危险。通过官服上的补子不仅可以区分官员的品级，还能判断他是文官还是武官。

补子就是在官服的前胸后背位置上装饰的一块织物，它是明清服饰制度的一个重要特征。

清代文武官服上的图案，非禽即兽，在当时统治者看有特定的高尚威严的含义。文官一律用禽鸟，武官用猛兽，如果身兼文武两类的官职，就按担任的职务中品级高的来确定补子上的图案。清代文武官员都是各分九品。文官的"补子"图案从一品到九品都是瑞鸟，比如一品用

文官官服补子　清

武官官服补子　清

鹤，二品用锦鸡，三品用孔雀，四品用雁，五品用白鹇等，这些禽鸟一律是站立展翅的形状，四周饰以云彩，十分醒目。武官则是用猛兽，如一品用麒麟，二品用狮，三品用豹，四品用虎，五品用熊等，这些兽类一般都是蹲立昂头的形状，补子上端用云彩装饰，下端描绘一些山石，给人以威严感。

清代的补子常常是以青、黑、深红等深色为底，用五彩线织绣出艳丽的图案，四周多配以花边，十分精细复杂。补子作为一种官服形制也是有生命力的，但如今流传下来的补子很少，已成了珍贵的文物和艺术珍品。

每逢春节或家里有喜事的时候，人们为什么要贴窗花？

剪纸是一门家喻户晓的民间艺术，千百年来深受人们的喜爱。因剪纸常常贴在窗户上做装饰，所以人们一般称其为"窗花"。早些年，每逢春节，农村家家户户都会贴上窗花。那你知道春节为什么要贴窗花？又有什么样的寓意呢？

早在汉、唐时代，民间妇女就有用彩帛剪成花鸟贴在头发上作为装饰的习俗。后经逐步发展，演变成在节日中用彩色纸剪成各种花草、动物或故事人物，贴在门窗家具上，以增加吉祥、喜庆的氛围，寓意过年过节讨个好的彩头。

那么为什么窗花有那么多不同的图案呢？这是因为不同的窗花寓意不同。窗花的寓意都很鲜明易懂，常表达平凡朴素的愿望，比如：莲花和鲤鱼寓意连年有余，青松和仙鹤寓意松鹤延年，喜鹊和梅花寓意喜上眉梢，花瓶和牡丹寓意平安富贵，蝙蝠和铜钱寓意福在眼前。除此之外，还有很多有寓意的形象，都透着欢乐吉祥的美好愿望。

贴窗花

窗花的内容丰富、题材广泛。因为窗花的创作者和购买者多为老百姓，因此传统窗花有相当的内容是表现田园生活的，如耕种、纺织、打鱼、牧羊、喂猪、养鸡等。除此，窗花还有神话传说、戏曲故事等题材。另外，花鸟虫鱼及十二生肖等形象也十分常见。

窗花是民间艺术中分布范围最广的一种。地域不同，风格也不一样，北方的多粗犷简练，南方的多优美细腻。南北各地农村在春节期间都要贴窗花，以此达到装点环境、渲染气氛的目的，并寄托着辞旧迎新、接福纳祥的美好愿望。

窗花的设计者通过灵巧的双手，把广大农民群众朴实的情感、美好的愿望和对幸福生活的追求，倾注在窗花艺术中，为世人创造了宝贵的精神财富。

古人喜欢"刘海戏金蟾"的年画，这一题材是怎么来的？

年画是民间艺术中常见的一种形式，属于木版雕刻印制的绘画。人们常常会在过年时张贴漂亮的年画，祈祷新年实现美好愿望，增添节日的气氛。

中国著名的年画产地有天津杨柳青、江苏桃花坞、山东杨家埠、河南朱仙镇、四川绵竹、河北武强、广东佛山等，这些地方的木版年画在历史上久负盛名。年画的题材包罗万象，常见的有：门神类、吉庆类、戏曲传说类、世俗生活类。年画作为民间的新年祝福，充满了喜庆氛围，体现了民众智慧。如"刘海戏金蟾"作为一个流传广泛的神话传说，表

刘海戏金蟾　朱仙镇木版年画　据鲁迅所藏全彩图和王树村墨线孤本
任鹤林整理复制

达的就是老百姓希望过上美好生活的愿望。

关于"刘海戏金蟾"有很多美好的传说。传说刘海是得道成仙的仙童，是传统文化中的"福神"。画面上的他单脚着地，手中舞动一串铜钱。金蟾为仙宫灵物，古人认为有了它就可以致富，俗语"刘海戏金蟾，步步钓金钱"，就是表示财源广进的意思。因此过去人们常将"刘海戏金蟾"年画请回家中，以求财祈福。也有说"刘海戏金蟾"源于一段坚贞爱情的神话传说。故事讲的是刘海与胡秀英夫妇，用智慧打败三腿金蟾，并得了金蟾的宝物，于是后人将刘海当财神供奉，金蟾也成为财富的信物。现在湖南的花鼓戏《刘海砍樵》还在传唱刘海与胡秀英美丽的爱情故事。

当然了，同一个题材的"刘海戏金蟾"年画，不同产地也会有不同风格。朱仙镇版本有大面积的大红和草绿，衣服图案是黄色和紫色，色彩艳丽，对比强烈。杨家埠版本则描绘了人物服装的很多精彩的细节，也使用了红、蓝、黄、绿这些颜色，但色彩的纯度没有那么高，显得十分丰富耐看。

年画题材中除了这类神话传说，还有很多增加吉祥、喜庆氛围的不同题材的作品。年画以单纯的线条、鲜明的色彩，表现热闹、喜庆的画面，是我国传统文化艺术中一颗闪亮的星星。